MARKETING
DE
INFLUENCIA

MANUEL ALBUQUERQUE
CON LA COLABORACIÓN DE MARÍA ZABAY

MARKETING DE INFLUENCIA

MADRID | CIUDAD DE MÉXICO | BUENOS AIRES | BOGOTÁ
LONDRES | SHANGHÁI

Colección Acción Empresarial de LID Editorial
Editorial Almuzara S.L
Parque Logístico de Córdoba, Ctra. Palma del Río, Km 4, Oficina 3
14005 Córdoba.
www.LIDeditorial.com
www.almuzaralibros.com

A member of:

businesspublishersroundtable.com

© Manuel Albuquerque, 2023
© Editorial Almuzara S.L. 2023 para LID Editorial, de esta edición.

EAN-ISBN13: 978-84-11313-43-8
Directora editorial: Laura Madrigal
Corrección: Cristina Matallana
Maquetación: produccioneditorial.com
Diseño de portada: Juan Ramón Batista
Impresión: Cofás, S.A.
Depósito legal: CO-2082-2022

Impreso en España / Printed in Spain

Primera edición: febrero de 2023

Te escuchamos. Escríbenos con tus sugerencias, dudas, errores que veas o lo que tú quieras. Te contestaremos, seguro: *info@lidbusinessmedia.com*

ÍNDICE

PRÓLOGO

A menudo me preguntan cuál es la clave de mi éxito. ¿Ser el primer periodista portugués presentador en la CNN? ¿Ser el primer portugués en ocupar el puesto de director general de Comunicación de la UEFA? ¿Qué me ha convertido en un empresario de éxito? Mi primera respuesta es: el trabajo duro. Pero eso es obvio. Mi segunda respuesta (también puede ser relativamente sencilla, pero me sirve) es que comparto los principios que me gusta seguir siempre en mi vida profesional: ser positivo, proactivo y productivo.

Todo lo que he conseguido en mi vida ha sido el resultado de estos principios, de estos valores, que me obligo y empujo a tener cada día, desde el momento en el que llamé proactivamente a la CNN en Atlanta en 1997 para ofrecer mis servicios a la cadena hasta que acepté el reto de dirigir el departamento de Comunicación de la UEFA sin tener garantías concretas de que podría crear mi propio equipo y aplicar mi propia estrategia. Cogí el toro por los cuernos y fui a por él.

Desde entonces, esa perspectiva me ha funcionado de maravilla ya que, en la medida de lo posible, me gusta trabajar con personas que tienen una perspectiva similar. Por tanto, no me sorprendió que Manuel y yo congeniáramos en cuanto hablamos por primera vez.

Fue ciertamente proactivo cuando se puso en contacto conmigo en Instagram y me pidió una reunión. Su actitud fue dinámica y emprendedora para trabajar en un proyecto juntos, y fue productivo porque la activación que propuso, de hecho, se realizó con éxito unos meses después.

Ahora podría sentarme aquí y escribir sobre la competencia de Manuel como gurú del marketing de influencia, pero creo que el libro ya hará ese trabajo. Lo que añadiré a la mezcla es que se trata de un tipo que siempre logra hacer las cosas, que siempre tendrá éxito. ¿Y por qué? Porque siempre trabaja duro y se centra en ser positivo, proactivo y productivo, priorizando el producto sobre el proceso.

Una cosa más que voy a tratar. En mi vida he oído a menudo que soy un tipo con suerte, que la tengo por haber disfrutado de tantas oportunidades de tener éxito. Sé que Manuel también lo ha oído. Pero adivina qué: siempre nos ponemos en situación de tener suerte. Si no estás ahí fuera, dando lo mejor de ti, tratando a la gente con respeto y queriendo ser productivo, en mi opinión, no puedes quejarte de no tener suerte o éxito. Sal ahí fuera, dalo todo y pon lo que quieras sacar.

Como suelo decir, «la suerte, amigo mío, cuesta mucho trabajo».

Pedro Pinto
Fundador y CEO en Empower Sports y
exdirector general de comunicación en UEFA

INTRODUCCIÓN

Hoy el mundo del marketing lo mueven los *influencers,* esas personas con relevancia a las que admiramos, cuyo criterio atendemos entre los cerca de 6000 impactos publicitarios que recibimos cada día en nuestro cerebro y que nos influyen. Como ejemplo, un dato clarificador: el sector del marketing de *influencers* movió 13 800 millones de dólares en el mundo en 2021.

EL SECTOR DEL MARKETING DE *INFLUENCERS* MOVIÓ 13 800 MILLONES DE DÓLARES EN EL MUNDO EN EL ÚLTIMO EJERCICIO

Pero las previsiones para 2022 fueron mucho mejores: crecer hasta los 16 400 millones de dólares y que el valor de las ventas del comercio social alcanzara los 958 000 millones de dólares[1]. En el siguiente gráfico podemos observar la evolución de la inversión en marketing de *influencers* a nivel global en los últimos años:

Gráfico I.1. Inversión global en marketing de *influencers*

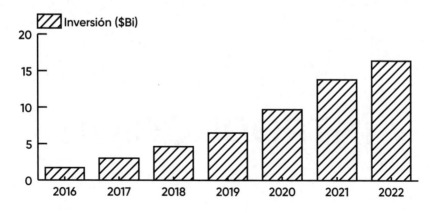

En Primetag nos dedicamos a la medición del marketing de influencia y solo con nuestro *software* de medición de campañas de marketing de *influencers* se gestionan ya 2-3 millones de euros en campañas todos los meses en distintos países. Hablamos de más de 40 millones de euros que han sido monitoreados por nuestra herramienta en menos de tres años. Esta cifra representa casi el 100 % del total de la inversión en *influencers* realizada en España en el último año y engloba campañas de grandes empresas (como Springfield, IKEA, Grupo Coca-Cola, Procter & Gamble o Mondelēz), pero también otras de pequeñas compañías que deciden apostar por *influencers* que les pueden cambiar su crecimiento, reconocimiento y proyección. Para poder monitorear campañas tiene que existir una relación no solo con la marca, sino también con la agencia de marketing que gestiona su presupuesto, con la agencia de representación que gestiona a los *influencers* de la campaña y con los propios *influencers* de esta.

He decidido escribir este libro porque creo que puede serte muy útil. En él comparto mi visión del sector como alguien completamente independiente y que trabaja de una forma holística con todos sus principales actores. No voy a defender ni a hacer propaganda de marcas, agencias, *managers* o talentos ni a dar una visión sesgada de un actor frente a otro, sino a resumir mi experiencia acumulada con los cuatro factores principales que en Primetag hemos identificado a lo largo de más de cinco años y más de 2000 campañas que hemos monitoreado desde el día uno, los *Do or Do Not,* es decir, lo que se debe y no se debe hacer para que el sector siga creciendo y se torne cada vez más profesional y transparente.

Con todo ello, formulo una pregunta esencial y muy compleja de responder: ¿Quién es el *influencer* más adecuado para tu empresa?

No te preocupes si no tienes la respuesta. Es normal. Casi ninguna empresa (incluso las grandes) la sabe. Llegar a descubrir a los *influencers* más apropiados para tu compañía tanto por rentabilidad como por imagen y poder elegir el mejor requiere un estudio detallado de todos los datos de todos los *influencers* del mercado al que te diriges.

En este libro, con sus puntos, claves, consejos y ejemplos, voy a compartir contigo la fórmula que te permitirá conocer la contestación a esa pregunta. El secreto te lo adelanto ya: aplicar la ciencia al arte de la influencia.

PARA DESCUBRIR AL *INFLUENCER* MÁS APROPIADO PARA TU COMPAÑÍA ES NECESARIO APLICAR CIENCIA AL ARTE DE LA INFLUENCIA

Es clave evaluar y medir todos los datos y variables, contar con ellos. Si se hace, el retorno estará asegurado: mucho más beneficio por mucho menos coste. Si no se hace esa evaluación exhaustiva, lo que estará asegurado será tener una probabilidad mucho mayor de que tu inversión en un *influencer* termine siendo dinero malgastado.

Como prueba, este dato: de los 55.7 millones de euros invertidos en publicidad con *influencers* en España en 2021, más de un tercio se malgastaron[2]. Las razones que se argumentan son varias, como tener en cuenta únicamente el número de seguidores del *influencer,* sin considerar su alcance; el exceso de publicidad en algunos creadores de contenido o el sobreprecio que se les paga, o el elevado uso de *microinfluencers* para generar cobertura de una marca o producto/servicio.

En esta obra vamos a ver esos puntos, a estudiarlos uno a uno con estadísticas que corroboran cada una de las conclusiones y a conocer y analizar casos de éxito muy ejemplificadores para identificar esos matices diferenciadores que les llevaron a superar sus propios objetivos iniciales.

Si giramos un poco la cabeza, solo un poco, y miramos hacia atrás, veremos que hasta hace muy poco el marketing se realizaba a través de medios analógicos con anuncios unidireccionales que tenían tras de sí grandes producciones que alargaban el tiempo de rodaje y lanzamiento de la campaña y elevaban los costes casi disparándolos, un auténtico sinsentido en este momento. Y todo para anunciarse en medios tradicionales en los que la marca se dirigía a numerosos individuos que no sentían interés por el producto ni simpatizaban con la imagen de la campaña que pretendía captarles, además de que tampoco era sencillo medir el retorno de la inversión (ROI) realizada. De ahí el gran dilema del comerciante de Filadelfia (Pensilvania, EE. UU.) John Wanamaker, resumido en su afirmación: «La mitad de cada dólar que gasto en publicidad se pierde pero mi dilema es saber qué mitad», no porque el marketing no funcionara, sino porque no se podía medir su retorno, luego no se sabía qué acción retirar y en cuál invertir más.

Eso tenía su razón de ser porque entonces no existían ni Internet ni las redes sociales (RR. SS.); sin embargo, con ellas (con TikTok, Instagram, Twitter, Twitch, etc.), con los blogs, los portales y las plataformas, la comunicación se ha democratizado y cualquiera puede compartir su opinión y contenido con una larga comunidad de seguidores. La comunicación ya no está controlada por los medios tradicionales. Caducó aquella gran maquinaria oxidada de largos procesos y presupuestos disparados, que fue sustituida por mensajes frescos, espontáneos y cargados de naturalidad y de una identidad propia y con unos protagonistas que son conocidos por el simple hecho de que gustan. La relevancia de los *influencers* viene por ellos mismos, desde el anonimato, por lo que transmiten en sus publicaciones, sin necesidad de que haya un título o titulares que los avalen. Gran parte de ellos no son lo que consideramos tradicionalmente «famosos» ni ellos mismos se consideran así en el sentido de *celebrity;* sin embargo, pueden tener más influencia que un famoso que sale en la TV y en las revistas. Se avalan a sí mismos. Conectan de una manera orgánica y espontánea con su público objetivo; le hablan, le sugieren, le preguntan y reciben respuestas inmediatas de él.

LOS *INFLUENCERS* HAN ABIERTO EL MARKETING BIDIRECCIONAL. ¿EL TRUCO? HAN CREADO UN VÍNCULO EMOCIONAL, TRASCIENDEN EN LA CONVERSACIÓN, CONECTAN Y CONOCEN A SU AUDIENCIA COMO SI ESTUVIERA COMPUESTA POR AMIGOS

Lo han hecho con sus contenidos: entran en las casas, en las mentes y en el corazón de su comunidad; influyen en sus aspiraciones, ideas y proyectos. Son escuchados y vencen la falta de capacidad de nuestros cerebros de prestar atención más de 8.3 s. A ellos sí que se les escucha. Sus seguidores ven sus vídeos, escuchan sus comentarios, leen sus textos y atienden a sus recomendaciones, y ellos, los *influencers,* con ese gran poder que da una unión emocional que hace que la razón pierda cualquier batalla, tienen la capacidad de cambiar tendencias, viralizar una marca, rejuvenecerla y agotar un producto. En definitiva, se trata del arte de, como decía el presidente estadounidense Dwight D. Eisenhower, «conseguir que los demás hagan lo que tú quieres porque ellos quieren». Paradójico y real. Ese es el verdadero arte de influir: hacer que deseen lo que tú propones.

Según Postcron, una herramienta para gestionar los contenidos y agendar las publicaciones, el 66 % de las personas confían mucho más en las opiniones publicadas en RR. SS. por otros usuarios que en los anuncios convencionales.

Y las marcas que logran convencer de que suman en algún aspecto a la vida de los consumidores experimentan un desempeño un 206 % mayor en los mercados respecto a las que no lo consiguen[3].

La ciencia aporta un dato importante para entender por qué nos dejamos influir por los *influencers:*

EL 95 % DE LAS DECISIONES QUE TOMAMOS SE GENERAN EN EL SUBCONSCIENTE

El reconocido doctor A. K. Pradeep, especialista en neuromarketing, dedicado a estudiar el cerebro humano en profundidad mediante sensores electroencefalográficos (EGG), que representan la actividad cerebral y le permiten medir las respuestas del subconsciente de los consumidores, asegura que tan solo el 5 % de nuestras decisiones son elegidas racionalmente, lo que significa que el 95 % de nuestras compras provienen más de un impulso emocional del momento, del deseo y del ímpetu que del pensamiento racional. Aquí desempeñan un papel esencial las neuronas espejo o especulares, descubiertas al mundo por el equipo del neurobiólogo italiano Giacomo Rizzolatti en 1996 en el artículo «*Action recognition in the premotor cotex*», publicado en la revista *Brain*. Estas neuronas hacen propias las acciones, sensaciones y emociones que vemos en los demás. De ahí que, cuando alguien que nos gusta hace algo, es muy común que se despierte en nosotros el deseo de replicarlo. Las marcas lo saben, y sus departamentos de marketing juegan con ello. Un *influencer* puede estimular pretensiones y anhelos, pero, ¡importante!:

NO TODOS LOS *INFLUENCERS* SIRVEN POR IGUAL

Los *influencers* pueden ser la mejor inversión o una pérdida de dinero. Incluso cuando estamos ante dos que tienen el mismo número de seguidores o que están especializados en el mismo sector, invirtiendo en uno podemos obtener un retorno cuantiosamente superior al presupuesto y, en cambio, con el otro no conseguir ninguna ganancia, es decir, tirar directamente el dinero. ¿Por qué? Porque hay que tener en cuenta muchas más variables que sus contenidos, seguidores y *engagement*. Por eso es clave poder evaluarlos y medirlos y saber cuándo estamos invirtiendo bien o mal. Ten clara esta regla de oro:

NO HAY BUENOS O MALOS *INFLUENCERS* PARA LAS MARCAS, SINO BUENAS O MALAS INVERSIONES

Algunos *influencers* pueden ser muy buenos en la creación de contenidos y, sin embargo, no generar retorno a una marca, y al contrario: hay *influencers* con muy mal contenido que, en cambio, dan mucha rentabilidad a la marca. La pregunta clave es: ¿quién es la persona idónea para comunicar tu marca y producto; quién la representará, le pondrá rostro, personalidad y carácter, transmitiendo sentimientos y sensaciones y conectándola con ese público al que quieres llegar?

LA RESPUESTA A QUIÉN ES LA PERSONA IDÓNEA PARA COMUNICAR TU MARCA Y PRODUCTO SOLO ES UNA: LOS DATOS

Por eso es fundamental tener los datos de los *influencers* y, sobre todo, saber interpretarlos. Cada *influencer* tiene acceso a la información analítica de sus RR. SS., hablemos de un blog, de una cuenta de Instagram o de un canal de YouTube. Esto es lo que comúnmente se llama *datos privados* porque, a diferencia de otras métricas públicas, como el número de seguidores, *likes* y comentarios, los datos privados solo están a la vista del *influencer*.

Esos datos incluyen información sobre el país y la ciudad de la audiencia de un *influencer*, su sexo y rango de edad, el alcance de cada publicación específica y muchas otras métricas esenciales que permiten proyectar el valor que el *influencer* puede aportar a nuestra marca.

Gráfico I.2. Datos privados de un *influencer* en Instagram

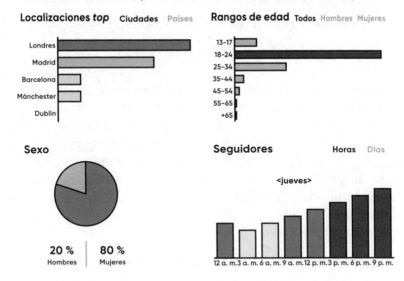

Localizaciones *top* Ciudades Países

- Londres
- Madrid
- Barcelona
- Mánchester
- Dublin

Rangos de edad Todos Hombres Mujeres

- 13-17
- 18-24
- 25-34
- 35-44
- 45-54
- 55-65
- +65

Sexo

20 %
Hombres

80 %
Mujeres

Seguidores Horas Días

<jueves>

12 a. m. 3 a. m. 6 a. m. 9 a. m. 12 p. m. 3 p. m. 6 p. m. 9 p. m.

¿Cuándo necesitan las marcas acceder a la información sobre la audiencia de los *influencers*?

Hay dos momentos críticos en los que las marcas y las agencias necesitan acceder a los datos privados de las analíticas de los *influencers:*

1. **Durante la fase de planificación de la campaña.** Una marca (o una agencia que trabaja en su nombre) tiene objetivos que alcanzar en cualquier campaña publicitaria, y con el marketing de *influencers* no es diferente. La marca tiene un público objetivo al que llegar con unas características concretas, agrupadas en segmentos.

    Imagina que eres una marca y quieres influir en 500 000 personas en tu país. Con los datos públicos tendrás que mirar el número de seguidores e interacciones de un *influencer* y tratar de adivinar cuántas personas que te interesan verán realmente esa publicación, lo cual, admitámoslo, no es el enfoque más riguroso (por no decir que es desastroso).

    Con el acceso a los *insights* de la audiencia, en este primer paso consigues saber el alcance medio y las impresiones de ese *influencer* y puedes, con un alto grado de confianza, prever el número de publicaciones necesarias para llegar a las 500 000 personas a las que te diriges.

2. **Durante la evaluación de los resultados de la campaña (fase de informe).** Las marcas necesitan evaluar el rendimiento de la campaña para saber si ha alcanzado sus objetivos. Para ello necesitan acceder a las analíticas de los contenidos publicados de todos los *influencers* de la campaña, centralizar todos los datos y cruzarlos con algunos indicadores relevantes, como nuevos clientes adquiridos o ventas netas realizadas. Solo entonces la marca puede evaluar el rendimiento de la campaña.

Para saber cuáles son los *influencers* más adecuados y rentables para tu marca, necesitas analizar a todos los del mercado con todos los datos y variables. Sin un *software* que evalúe todos los talentos que hay en el mundo y los segmente por países, materias, tipos de seguidores, etc., la evaluación de los perfiles más apropiados resulta imposible y queda circunscrita solo a los *influencers* que conoces y con los que tienes relación.

TENEMOS QUE UTILIZAR TECNOLOGÍA PARA ESCALAR NUESTRA CAPACIDAD DE ELEGIR AL MEJOR *INFLUENCER* PARA UNA CAMPAÑA

De ahí nació la idea de Primetag, aunque ya me había adentrado en el mundo de los *influencers* en 2014, cuando apenas existían blogueros, con RadLegacy, un *software* que creé para ayudar a mis amigos deportistas a calcular el valor de un atleta, pero no en cuanto a habilidades y competencia, sino respecto a su valor en las RR. SS. y a saber cuánto retorno daba cada uno a cada *sponsor* suyo; cuántos nuevos clientes aportaba y cuánta rentabilidad significaba eso.

Desde que fundé Primetag he trabajado con más de 250 marcas a nivel internacional, con las agencias más prestigiosas (como Havas, Dentsu o IPG), con *influencers* como AuronPlay, Laura Escanes o Dulceida y con agencias de representación como YouPlanet, Soy Olivia, GO-talents o Vizz Agency. Esto me ha permitido tener una visión detallada de todos los retos y necesidades de agencias, marcas, *managers* e *influencers* y formular algo que creo que puede ser muy útil para ti.

1
¿QUÉ ES REALMENTE UN *INFLUENCER*?

1. ¿Dónde estamos?

Con la generalización del aumento de los presupuestos de marketing de *influencers,* los equipos de marketing tienen mayor responsabilidad para medir con precisión el ROI de los *influencers* y centralizar las relaciones con ellos en todos los departamentos. Las empresas todos los años van aumentando de manera creciente su preocupación por la forma de evaluarlos y elegirlos para sus campañas, pero todavía seguimos lejos de hacerlo bien. Continúa habiendo una fuerte tendencia a tener en cuenta a los *influencers* que nos gustan o con los que tenemos mejor relación en lugar de con aquellos que realmente sirven para nuestra campaña y nos serán rentables.

El modelo de negocio del marketing de *influencers* también está cambiando, y las marcas están empezando a considerar la *performance* del talento, enfocado en indicadores clave de rendimiento (KPI) como el coste por 1000 impactos (CPM), el coste por interacción o *engagement* (CPE) y el coste por adquisición (CPA). Otros medios son pagados por *performance* (o pagados por resultados). Todavía los *influencers* siguen siendo un medio que muchos evalúan por seguidores, aunque ya hay empresas que van utilizando un enfoque de colaboración híbrido sobre el contenido de marca de los *influencers* y las colaboraciones de rendimiento de ventas. Este tipo de colaboraciones, por la aceleración impulsada por la pandemia, ganará mucha más preponderancia en los próximos años. Es una forma de transversalizar el valor de los *influencers* sobre los objetivos de todos los departamentos y garantizar que se tiene retorno. Para ello es necesario medir, y medir bien.

2. ¿Qué significa medir bien?

Consiste en entender de la forma más aproximada posible cuál es el retorno real que el *influencer* ha conseguido para la empresa sin violar ninguna política de privacidad del usuario. Este matiz es importante porque la privacidad de los usuarios va en aumento, ya que nos dirigimos a un mundo digital sin *cookies* en el que los equipos de marketing tendrán un reto todavía mayor para valorar el ROI. ¿Cómo lo harán? Pues, ¡difícil! Actualmente una de las soluciones que se está barajando como forma de superar este reto se llama *fingerprinting* (huella dactilar), donde se estima, a través de datos *trackeados* por los sistemas de monitorización que no se relacionan con la persona en cuestión *(personable identifieble information)*, el trayecto que esa huella ha dejado a lo largo de los días después de interactuar con el contenido de marca.

Los contenidos están cambiando, así como los formatos, donde nos estamos aproximando a una Internet que ya no es solo de información, sino también de experiencias. El metaverso tendrá un papel fundamental, donde la línea de lo real y de lo virtual se estrechará cada vez más. Los nuevos mundos virtuales abrirán un nuevo escenario para las marcas y los *influencers* en el que no bastará con ver vídeos o fotos; habrá que experimentar. «Ver» se sustituirá por «vivir en primera persona», lo que dejará de lado a muchos *influencers* incapaces de generar esas experiencias y consolidará a aquellos que sí las desarrollen. Pero antes de que el metaverso tenga realmente peso, asistiremos a un nuevo fenómeno muy extendido ya en China: el *shoppertainment*.

Este concepto mezcla contenidos con las ventas de una empresa, donde la distancia entre el consumo de contenido *online* y la oportunidad de comprar el producto que se ve en el contenido será cada vez más y más corta. Este fenómeno ya instaurado y asentado en China se extiende hacia Europa y EE. UU. Es cuestión de tiempo que tengamos todo centralizado y lo que llamamos *contenidos* y *compra online* será una sola experiencia. Pero, a pesar de que todo esté evolucionando y creciendo mucho, la base sigue siendo la misma: si no eliges el talento perfecto, independientemente del formato de colaboración, de la plataforma, de los departamentos involucrados o de que sea real o virtual, no tendrás el resultado esperado. Pero para que te explique la fórmula que he creado en Primetag, primero tenemos que estar alienados en conceptos básicos, como ¿qué es un *influencer*?

3. Conceptos básicos del mundo de la influencia

Leyendo artículos y escuchando conversaciones, podemos ver que no hay unanimidad sobre el concepto *influencer*, este anglicismo tan popularizado, pilar básico para cualquier inversión en marketing de *influencers*.

Para explicártelo con detalle he estructurado las siguientes páginas en tres preguntas clave:

- ¿Qué es marketing *de influencers*?
- ¿Quiénes son los *influencers*?
- ¿Es necesario que un *influencer* esté en una red social?

4. ¿Qué es marketing de *influencers*?

La estrategia de marketing que mejores resultados da en la historia del marketing es el famoso «boca a boca» (también conocido con la abreviatura WOM, proveniente de *Word Of Mouth*), es decir, la recomendación personal de alguien que ha probado el producto y de quien se tiene una buena consideración y cuya valoración se tendrá en cuenta.

Los consumidores rechazamos anuncios dirigidos a la masa en los que el destinatario parecemos ser todos y ninguno; esos de *retargeting* que te persiguen 100 000 veces cuando has buscado algo por Internet y consiguen que llegues a detestarlo.

Sin embargo, el boca a boca tiene autenticidad y presumiblemente sinceridad, y con ellas cautiva. Porque ¿quién no hace caso a un amigo, a un familiar o a un compañero de trabajo que le recomienda un producto? Su búsqueda en el marketing comenzó a principios de la década de 1970 gracias al estudio realizado a un grupo de pacientes por el psicólogo de Harvard George Silverman, con el que descubrió que, cuando los individuos comparten experiencias positivas y entusiasmo hacia un producto, los receptores del comentario se muestran mucho más dispuestos a adquirir el producto que se les ha recomendado.

Si esto ocurrió, si el boca a boca triunfó, es por la saturación publicitaria que cada uno de nosotros recibimos a diario desde hace años con mensajes genéricos que no producen sino la desconfianza y el rechazo de los posibles consumidores.

EL MARKETING DE *INFLUENCERS* ES COMO EL BOCA A BOCA 2.0

Yo creo que la publicidad no es mala. El único problema es que no se puede segmentar de manera adecuada, por lo que llegas a un número muy elevado de personas de las que solo un 0.1 % encontrarán tu anuncio útil o relevante. Pero puede que a cambio de llegar a ese 0.1 % de audiencia estés generando una mala experiencia con tu marca. ¿Cuántas personas conoces que estén viendo una película y les siente bien que las interrumpan para ver un anuncio? ¿O que estén en YouTube y les guste que su canción se detenga en la mitad por un anuncio y tenga que verlo durante 5 e incluso 12 s para que su canción continúe reproduciéndose? ¿A quién le apetece eso?, ¿conoces a alguien? El problema de la publicidad en la actualidad es que es muy intrusiva, llega a perseguirte con lo que has buscado por Internet allá donde navegues, y eso, lejos de ayudar al contenido, lo perjudica, pero la realidad es que es necesaria para pagar las facturas.

Empezaba el libro diciendo que cada día recibimos cerca de 6000 impactos publicitarios[1], lo que equivale a un impacto publicitario cada 10 s. Pero de ellos parece que solo somos capaces de retener un máximo de 18 mensajes, los más humanos, los que logran dar un paso más allá y conectan con nuestras emociones, a los que les ponemos cara y con los que nos identificamos. La credibilidad es fundamental. Por eso, que alguien que conocemos nos haga una recomendación nos cala fuertemente.

Sin embargo, el boca a boca tiene un gran problema: es de persona a persona, es decir, de uno a uno, de manera que resulta muy difícil extender esa opinión y hacerla llegar en lugar de «de uno a uno» a «de uno a un millón». Su gran problema es la escalabilidad. Si pruebas un producto, te gusta y se lo recomiendas a tus diez personas más cercanas cuando las ves, necesitas varios días para llegar tan solo a diez. El proceso es demasiado lento y difícil de mensurar.

Algo brillante que han ideado las marcas para conseguir la escalabilidad del boca a boca en sus tiendas *online* es a través de las recomendaciones de productos. Un ejemplo lo podemos encontrar en la tienda de Amazon. Los comentarios y la valoración en cada uno de sus productos por parte de los compradores es un excelente patrón de cómo comprar *online* con la recomendación de otras personas imparciales respecto a la marca y al producto. Amazon no ha contratado a nadie, no; tan solo abrió una línea de opiniones de usuarios en la que unos y otros puntúan, cuentan experiencias del producto en cuestión.

Con el nacimiento de las RR. SS. surgió la democratización de la comunicación y se permitió que cualquier persona consiga comunicar con un único contenido a miles o millones de personas en las que influye de manera eficiente (como el boca a boca). El problema de la escalabilidad del boca a boca con su comunicación de «uno para uno» deja de existir con las RR. SS. y su comunicación de «uno para muchos». Por esa razón, el marketing de *influencers* es el boca a boca en esteroides.

Las marcas ya pueden colaborar con *influencers,* contratar sus contenidos o crear productos en colaboración con ellos y promoverlos de personas para personas.

El marketing de *influencers* es el inicio de la humanización de la comunicación de las marcas con una estratégica de boca a boca escalable.

5. ¿Quiénes son los *influencers*?

Pueden ser DJ, chefs, atletas, financieros o creadores de contenido. Cualquier persona puede ser un *influencer;* lo importante es que tenga o cree contenido relevante para una audiencia que busque ese tipo de información y que le transmita sensaciones porque esto será lo que le haga conectar con la audiencia.

Muchos *influencers* han nacido con las RR. SS. y otros han generado aficionados a través de medios tradicionales; tienen su opinión sobre determinado sector o tema, pueden hablar sobre su vida, lo que les gusta, lo que no les gusta, etc. Lo crucial es que, independientemente del tema, tienen que ser ellos. La honestidad y sinceridad con su audiencia es lo que crea confianza y una relación con su comunidad cercana; es ahí donde su opinión influye en un conjunto de personas que son muchísimas, más allá de la plataforma y del formato a través del que se comuniquen. El *influencer* puede ser un locutor de radio sin apenas seguidores o redes, pero con credibilidad y que llega a mucha gente a través de las ondas o un jugador de fútbol que sea delantero y que marque muchos goles.

Uno de los errores más comunes que escucho desde hace años consiste en considerar que los *influencers* son solo jóvenes, como si al cumplir treinta y cinco o cuarenta años uno caducase.

Eso ocurre porque fueron los niños los primeros en monetizar su influencia en las RR. SS. y los que dieron sentido a utilizar el término *influencer*.

LOS *INFLUENCERS* NO SON SOLO JÓVENES

Los *influencers* pueden tener diez, veinte, treinta, cuarenta, sesenta, setenta o incluso noventa años, como en el caso de Warren Buffett. Lo único esencial es que, cuando hablen, sean escuchados y considerados por un número relevante de personas.

El empresario estadounidense de 92 años, leyenda del mundo bursátil, conocido por algunos como *el oráculo de Omaha* (como guiño a la ciudad de Nebraska en la que nació), apenas está directamente en las RR. SS.; únicamente tiene una cuenta en Twitter, en la que no publica nada desde el 29 de abril de 2016. Sin embargo, podríamos decir de él que es uno de los mayores *influencers* del mundo en el sector financiero: cada vez que habla, sea en su carta anual, en un foro o en una entrevista, da igual dónde, sus palabras dan la vuelta al globo terráqueo varias veces. El simple hecho de que trascienda alguna de sus inversiones dispara las ventas de acciones de la compañía en cuestión.

Como te decía, los jóvenes acuñaron el término *influencer;* ahora bien, si pensamos antes de este *boom* del marketing de *influencers,* ya seleccionábamos a ponentes, a personas con carisma, liderazgo y credibilidad que creaban tendencia.

Sin duda un personaje querido que impulsaba las ventas fue Santa Claus. Así lo vio Coca-Cola, y por eso lo eligió como representante de la marca, con la gran ventaja de que, al ser un personaje de ficción, no corría el riesgo de que cometiera algún error personal que repercutiera negativamente en ella. Se trataba de una imagen blanca (y no solo por la nieve) que, además, contaba con la simpatía de todos los que viesen el anuncio, independientemente de su estatus social, nivel económico o cultural o ideología política. Santa Claus contagiaba de felicidad y un deseo de beberla sin sesgos.

Otro ejemplo de *influencer* mundial antes de que las RR. SS. existieran con su poder cósmico fue el padre de Mickey Mouse, Walt Disney.

Cambió el curso de la infancia y, por ende, de la humanidad. Ha marcado nuestra infancia desde que el 15 de mayo de 1928 presentó al archiconocido Mickey Mouse. Antes hubo más personajes entrañables, como Oswald *the lucky rabbit,* pero fue Mickey Mouse el que llegó a todos los hogares. Desde él, los niños crecimos con la moraleja de sus cuentos con historias que ahondaban en la moralidad, definían el bien y el mal y marcaban un comportamiento ideal que seguir basado en el trabajo, como en *Los tres cerditos* y en *La cigarra y la hormiga.* Disney nos enseñó a no dejarnos cautivar por una melodía, como la de *El flautista de Hamelín;* a no ser vanidosos y a dar pasos lentos y firmes, como en *La liebre y la tortuga;* a no desobedecer a nuestros padres y a ser cuidadosos, como en *Caperucita roja;* a no mentir, como en *Pinocho,* o a no discriminar ni juzgar por el aspecto físico, como en *La Bella y la Bestia.* Nos ayudó a superar los complejos con *El patito feo* y la maldad de algunas personas que pudiéramos tener cerca con *Cenicienta.* Con ella y con *Blancanieves* soñaron muchas niñas imaginándose como ellas.

Disney fue y es ejemplo para la infancia, *influencer* con mayúsculas.

Ahora, precisamente porque la factoría Disney ha sabido influir desde que nació, es activa en RR. SS., con fichajes estrella como la italiana Chiara Ferragni o la española Dulceida, disputadas ambas por numerosas marcas como *influencers,* pero también como imagen de marcas con sus propios productos.

Un buen ejemplo de ello es la colaboración que Dulceida hizo con la marca de cosméticos MAC en 2019, primero con un labial y después con unas sombras para ojos de las que se hablaba constantemente. El anuncio de la colaboración lo hizo la propia Dulceida en sus RR. SS. diciendo: «No me lo creo, por fin. He creado una paleta de seis sombras para *MAC Cosmetics.* ¡Mis colores favoritos, los que uso para todo en uno!». Desde ese momento, gran parte de sus seguidores sintieron interés por las sombras.

Si miramos el *ranking* mundial en Instagram en enero de 2022, resulta curioso que la cuenta con más seguidores del planeta sea el propio Instagram con su cuenta. Paradojas de las redes. En ella cuelga fotografías llamativas e indicaciones para los usuarios, todas en tonos alegres, en la línea de los del propio Instagram. Después, los cinco líderes indiscutibles son el futbolista Cristiano Ronaldo (número 1 a mucha distancia del segundo), Kylie Jenner, Messi, Selena Gomez y The Rock.

Tabla 1.1. *Ranking* mundial de *influencers* con más seguidores en Instagram

Influencers	Seguidores	Interacciones promedio
Instagram @instagram	528.4M	534.7k
Cristiano Ronaldo @cristiano	465.4M	6.5M
Kylie @kyliejenner	356.9M	5.0M
Leo Messi @leomessi	347.1M	5.3M
Selena Gómez @ selenagomez	335.0M	2.2M
The Rock @therock	327.3M	985.8k

*Datos a enero de 2022.

LinkedIn también tiene su lista de *influencers,* que, como imaginarás, dado que es una plataforma profesional, no tiene nada que ver con Instagram, Facebook o TikTok. Los perfiles más seguidos en su plataforma en enero de 2022[2] eran el fundador de Microsoft, Bill Gates, el CEO de Virgin, Richard Branson y el ex-CEO de LinkedIn, Jeff Weiner.

Tabla 1.2. *Ranking* mundial de *influencers* con más seguidores en LinkedIn

# Titular de la cuenta	Seguidores
01 Bill Gates	35 040 000
02 Richard Branson	19 640 000
03 Jeff Weiner	10 700 000
04 Arianna Huffington	10 050 000
05 Satya Nadella	9 580 000
06 Mark Cuban	7 310 000
07 Jack Welch	7 180 000
08 Tony Robbins	7 040 000
09 Melinda French Gates	7 000 000
10 Simon Sinek	5 810 000
11 Deepak Chopra	5 800 000
12 Daniel Goleman	5 670 000
13 Justin Trudeau	5 220 000
14 Gary Vaynerchuk	4 920 000
15 Adam Grant	4 180 000
16 Ian Bremmer	3 760 000
17 Narendra Modi	3 670 000
18 Anthony J James	3 600 000
19 James Caan	3 370 000
20 Kevin O'Leary	3 280 000

*Datos a enero de 2022.

Absolutamente diferente es también el *top* 5 de perfiles de TikTok. Basta con ver el siguiente gráfico:

Tabla 1.3. *Ranking* mundial de *influencers* con más seguidores en TikTok

Influencers	Seguidores	Interacciones promedio
Khabane Lame @khaby.lame	146.1M	5.3M
Charli D'Amelio @charlidamelio	143.7M	1.6M
Bella Poarch @bellapoarch	90.6M	1.2M
Addison Rae @addisonre	88.3M	864.0k
Will Smith @willsmith	72.3M	4.4M

*Datos a enero de 2022.

Lo mismo ocurre con YouTube: la red que nació un romántico 14 de febrero de 2005 de la idea gestada en una fiesta por tres exempleados de PayPal (Steve Chen, Chad Hurley y Jawed Karim) para compartir vídeos que era imposible enviar por correo debido a su peso y que hoy usan adolescentes y adultos de todas las edades para distraerse o aprender (porque casi todo aquello por lo que sientas curiosidad lo encontrarás en ella) tiene su propio *ranking* de *influencers*. El líder indiscutible es T-Series, el canal de un sello discográfico y audiovisual de la India.

Tabla 1.4. *Ranking* mundial de *influencers* con más seguidores en YouTube

# Nombre del canal	Suscriptores	Visualizaciones
T-Series	203 000 000	176 456 800 000
Cocomelon - Nursery Rhymes	126 000 000	118 089 000 000
Set India	123 000 000	107 949 200 000
PewDiePie	111 000 000	28 091 400 000
MrBeast	87 500 000	14 287 900 000
Kids Diana Show	87 400 000	66 552 700 000

👤	Like Nastya	85 500 000	68 365 400 000
👤	WWE	84 700 000	65 170 500 000
👤	Zee Music Company	80 500 000	43 765 100 000
👤	Vlad and Niki	76 900 000	57 771 000 000
👤	5-Minute Crafts	75 300 000	22 237 000 000
👤	Blackpink	71 200 000	21 936 900 000
👤	Justin Bieber	67 000 000	26 878 200 000
👤	Canal KondZilla	65 200 000	35 756 200 000
👤	Goldmines	63 800 000	14 574 100 000
👤	Hybe Labels	63 500 000	20 904 800 000
👤	Bangtantv	62 800 000	14 582 600 000
👤	Sony Sab	61 700 000	69 318 600 000
👤	Zee TV	60 700 000	14 826 700 000
👤	Dude Perfect	57 000 000	13 827 000 000

*Datos a enero de 2022.

Pero también hay *influencers* con muchos menos seguidores que pueden tener un gran poder como prescriptores: los *microinfluencers,* con 10 000-100 000 seguidores, una audiencia fiel que los siguen por sus contenidos muy nicho que aportan valor. Comparten recetas, descubren restaurantes, catan vinos, hablan de bebés, dan consejos para embarazadas primerizas, enseñan tablas de ejercicio para que su audiencia pueda mantenerse en forma sin salir de casa, etc.

Quizás te estés preguntando si puede generarte valor alguien con apenas 20 000 seguidores. La respuesta es sí, porque lo que menos importa es el número de seguidores. Pero para que te aporte valor, hay que saber valorarlo, algo que te contaré a lo largo del libro. Lo bueno de un *microinfluencer* es que su audiencia está muy segmentada y acostumbrada a que sea especialista en un tema en concreto, y con eso tiene mucho poder prescriptor. Pero hay que analizar bien todos los datos y evaluarlos teniendo en cuenta el objetivo de la marca. Es en la franja de los *microinfluencers* donde existe más fraude. Por otra parte, si tu objetivo es llegar a mucha gente, claramente los *microinfluencers* no son tu opción; puedes elegir *medioinfluencers*, que cuentan con un número de seguidores de 100 000-500 000 y una audiencia aún con poco desperdicio donde sus seguidores se concentran mayoritariamente en España.

Los *macroinfluencers* tienen una audiencia de 500 000-un millón de seguidores y los *megainfluencers,* normalmente celebridades o *influencers* ya con mucha expresión fuera de España, más de un millón de seguidores.

Un ejemplo de campaña con *megainfluencers* que funcionó muy bien en EE. UU. fue la que tuvo lugar en la ceremonia de los Premios Oscar en 2014. Consistió en que la presentadora de los premios, Ellen DeGeneres, se hiciera un *selfie* con estrellas de Hollywood como Brad Pitt, Meryl Streep o Julia Roberts. La campaña era de Samsung y alcanzó más de un millón de retuits en 40 min, lo que lo convirtió en el *selfie* más retuiteado de la historia. No se sabe cuánto pago la marca surcoreana a sus protagonistas, pero el impacto que consiguió a nivel mundial fue increíble.

Otro ejemplo muy bueno que probablemente recuerdes es el de #smartlovers. La casa Mercedes-Benz España contrató a varios famosos con gran poder en las redes, como Paula Echevarría, Mario Vaquerizo, Natalia Cabezas o Laura Escanes, para que grabaran un vídeo divertido expresando su amor por su coche Smart mientras interpretaban un fragmento de la canción *Como yo te amo* de la gran Rocío Jurado. La campaña se hizo viral.

Otro caso de éxito que muestra la capacidad de los *influencers* fue #StevenageChallenge. En 2020 Burger King decidió que en lugar de patrocinar a un gran equipo de fútbol y gastar millones de euros lo iba a hacer a través de las RR. SS. retando a los *gamers*. Lanzó siete retos a un equipo de la cuarta división británica. El menos popular de toda la liga, el Stevenage —eso sí, siempre en un videojuego—, se convirtió en viral, y su repercusión fue inmensa en 2021, y todavía hoy lo es gracias al *hashtag* #StevenageChallenge.

¿Cómo fue posible? Burger King invitó —he aquí la clave— a los *gamers* a jugar al FIFA 2020. Los participantes debían compartir un vídeo en Twitter cumpliendo el reto, etiquetar a Burguer King y utilizar el *hashtag* #StevenageChallenge. A cambio recibían códigos que podían canjear por comida gratis en Burger King. Los *gamers* jugaron e hicieron publicaciones. Se compartieron más de 25 000 goles en RR. SS. y hubo millones de impresiones en medios y comunidades en los países hispanoparlantes, como España, Colombia, Argentina y México, y en aquellos donde las comunidades hispanohablantes son más fuertes, como EE. UU. El Stevenage F. C. se convirtió en el equipo de FIFA 2020 más jugado en Twitch y consiguió 11 000 tuits, de los cuales el 95 % se publicaron durante su primer mes, en octubre de 2019.

El poder de las RR. SS. y de los *influencers* está claro.

6. ¿Es necesario que un *influencer* esté en una red social?

Este punto es muy importante para terminar de explicar el anterior. Para ello te voy a hacer una confesión: mi *influencer,* la persona que a mí me ha marcado desde niño, a la que he admirado y por la que he dado pasos anecdóticos y también importantes en mi vida, es Michael Jordan.

Por él quise ser jugador de baloncesto, por él me fui a EE. UU. a competir y él me empujó a comprar zapatillas Nike. Era la década de 1990 y Jordan, la estrella más brillante de la NBA con esa extraordinaria habilidad para saltar y parecer que su cuerpo quedaba suspendido, flotando, segundos en el aire, no tenía RR. SS. Nada. Eran él y su juego. ¿No era entonces *influencer*?

Lo era y lo es como pocos. Como deportista, se convirtió en marca. Él mismo, su nombre, su imagen, lo que transmitía, inspiraba, hacía soñar, desear. Yo soñé. Millones soñamos.

Nike vio ese inmenso potencial y, siendo entonces una marca poco conocida, creó unas zapatillas de baloncesto con su nombre, Air Jordan, rojas, blancas y con un toque de negro para responder a una regla de la NBA. Fue en 1984. En su plan de marketing Nike calculó facturar 12 millones de dólares en los dos primeros años, pero solo en el primero logró más de 100 millones de dólares. ¿Cómo fue posible? Esas zapatillas no solo tenían su nombre; el gran Jordan se encargó de tocar el alma de cada uno de sus aficionados, de hacer sentir que llevar esas zapatillas equivalía a adquirir parte de sus superpoderes, esa magia suya en la cancha. Las Air Jordan fueron uno de los primeros productos de *merchandising* ligados a una estrella del deporte. Antes estuvieron Lina Radke, ganadora de la medalla de oro en los 800 m de los JJ. OO. de Ámsterdam de 1928, Jesse Owens, con cuatro medallas de oro en las Olimpiadas de Berlín de 1936, y Pelé en 1962, llevando zapatillas de Puma. También está el caso de Adidas, que en 1967 presentó el chándal Franz Beckenbauer, que se convirtió en la equipación de la plantilla del Bayern de Múnich. Pero el caso de Jordan fue más allá porque él diseñó las zapatillas y llevaban su nombre; eran sus propias zapatillas, y eso las convirtió en un objeto aspiracional. El éxito fue tal, que abrió una nueva manera de hacer ventas para las marcas: productos cocreados con los jugadores. Desde entonces, podemos pensar en numerosos ejemplos de deportistas de élite que arrastran a masas a comprar sus productos, por ejemplo, el surfista Kelly Slater con su tabla Quiksilver durante más de tres décadas, el futbolista David Beckham con numerosas marcas o los también futbolistas Messi con Adidas y los 20 millones de dólares que recibe al año, mi paisano Cristiano Ronaldo y sus 16 millones de dólares anuales o el brasileño Neymar, quien en diciembre de

2020, después de ser durante once años la imagen de Nike, rompió su contrato para fichar por Puma para ser su embajador mundial por 25 millones de euros al año. La marca alemana, como hizo Nike con Jordan cuando lo fichó, ha diseñado un calzado especial para que todos los que quieran jugar al fútbol se sientan Neymar y unos botines con (según la marca) los mejores agarre, compresión y tracción para jugadores habilidosos que Neymar siente como una extensión de su pie. Puro marketing de *influencers,* y brillante.

De todas formas, si vamos a las cifras, no hay ningún deportista tan rentable como Jordan con sus camisetas, sudaderas y todo tipo de productos de moda deportiva que lucen otros deportistas y personas de todo el planeta. Lo sorprendente es que 38 años después siguen siendo un *hit* de ventas. Son las zapatillas de mayor influencia en el deporte y en el *lifestyle.* Jordan es arte en sí mismo. En 2020 Sotheby's vendió unas Air Jordan de 19 años por 560 000 dólares. Su marca Jordan le produce a Nike más de 1000 millones de dólares en ventas al año.

¿Y sabes qué? Ni tenía ni tiene RR. SS. Se niega. Es más, las critica y reivindica su intimidad: «Mi vida es mi vida». Sin embargo, es una de las personas más inspiradoras de todo el mundo.

¿Sigues pensando que un *influencer* debe tener RR. SS. y ser un adolescente? Lo que un *influencer* tiene que conseguir es ser relevante para su comunidad.

LA CLAVE DE UN *INFLUENCER* ES LA AUTENTICIDAD; AHÍ ESTÁ EL BOTÓN SECRETO QUE HACE CLIC

Jordan lo hizo y lo hace con su no rendirse nunca. Es un icono del sacrificio, del superarse a sí mismo, de valores.

Ahora bien, tenemos que reconocer que en la época de Jordan, antes de las RR. SS., solamente tenían capacidad de influir los que eran relevantes en los medios tradicionales. Los medios eran los que influían en la gente, y en ellos solo tenían cabida los famosos; sin embargo, ahora con las RR. SS. se ha democratizado la comunicación.

LAS REDES SOCIALES HAN DADO PODER A LA GENTE COMÚN PARA CREAR CONTENIDO Y LLEGAR A MILES E INCLUSO A MILLONES DE PERSONAS

7. El panorama actual

Ahora los consumidores tienen un poder sin precedentes frente a las marcas, y estas deben ser muy conscientes de ello porque ese poder puede dispararlas al estrellato o hundirlas. Las RR. SS. les permiten ser creadoras de nuevas corrientes de opinión y actores de esa corriente. Cualquier persona puede crear su propia comunidad, comunicar lo que quiere y llegar a más gente que el *prime time* de mayor audiencia en canales nacionales como TVE.

Un ejemplo es Ibai Llanos, quien, con sus vídeos en Twitch, llega a conseguir hasta 2.4 millones de visualizaciones con el «Torneo Fortnite de Grefg con solo gente mala», avisando de que hay 50 000 euros en juego y de que está «a 9K de los 10 millones». Pero sin duda su *live streaming* más sonado fue la retransmisión de las Campanadas de Fin de Año, junto a Ramón García, en la Puerta del Sol, con la que logró más audiencia que los principales canales de TV en su momento pico.

Ibai ✔
@IbaiLlanos

Acabo de batir mi récord de viewers en toda mi historia de Twitch superando a las campanadas solo con la cuenta atrás.

No vuelvo a mirar esto hasta que acabe. Se os ha ido la puta cabeza.

Empezamos ya.

19:16 · 26/5/21 · Twitter for iPhone

Aquí te dejo los datos de otros de sus vídeos más vistos en Twitch, que no hacen sino demostrar la capacidad de enganchar de un *influencer* y su poder:

Fíjate en el siguiente gráfico de Google Trends, en la evolución de las palabras «publicidad» y «marketing de *influencers*» de 2004 a 2017 y en cómo la primera (el negro) ha decrecido estrepitosamente y, en cambio, marketing de *influencers* (el gris) ha crecido vertiginosamente y sigue haciéndolo.

Gráfico 1.1. Tendencia de búsquedas en Google entre *influencer marketing* y *advertising*

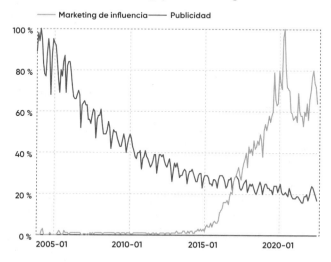

En 2004 nadie hablaba de marketing de *influencers* y en 2017 explotó. Ahora es tendencia por la necesidad de entenderlo. Se ha incrementado un 1500 % en los últimos años, e Instagram y TikTok son las RR. SS. más comentadas.

Como apuntaba antes, encontramos su origen en el auge de los blogs tanto en periódicos y revistas como en portales individuales en los que sujetos desconocidos realizando alguna actividad comenzaron a crear comunidades numerosas en torno a un tema de interés común; sus lectores lo eran porque simpatizaban con ellos y sentían interés por sus contenidos.

En 2004 y 2006 comenzó a oírse hablar de las RR. SS. con el lanzamiento de Facebook, YouTube y Twitter. Después llegaron muchas más redes pero el trono indiscutible lo tiene Facebook, si bien Instagram y TikTok están experimentando grandes crecimientos. La razón no es otra que la cercanía, la brevedad y la naturalidad que se transmite en las RR. SS.: lo mismo ves a Ferragni enseñándote un grano antes de una importante presentación con alfombra roja que a Georgina Rodríguez con un aparato blanqueador con luz fluorescente en su boca, a Kim Kardashian comiendo un taco mexicano en bikini o a Dulce Maria con su hija en su primer día frente al mar.

Es la magia de las redes. Cualquier cosa de cualquier persona se puede hacer viral; basta un impacto. Como ejemplo, *The Wellerman,* un himno que los marineros escoceses y neozelandeses cantaron desde el siglo XVII hasta el XIX. Lo hizo el cantante escocés Nathan Evans en su cuenta de TikTok al colgar un vídeo cantando el himno con el sonido de un tambor de fondo. El tambor no se ve, pero él hace el movimiento de tamborilear con el puño al aire. El *hashtag* es #SeaShanty, que con su genuinidad conectó con la comunidad seguidora de canciones marineras, mensajes, reproducciones y *likes.* Resultado: millones de personas hablando de él.

Otro ejemplo muy diferente y clarificador del poder que puede tener un *influencer* es el de Jenner gracias a su marca de cosméticos con un lápiz de labios que aumentaba el tamaño de estos haciéndolos más carnosos. Con sus RR. SS. se convirtió en 2018 en la billonaria más joven de la historia hecha a sí misma. Era dueña del 100 % de las acciones. La historia es sorprendente. En 2016 cogió 250 000 dólares del dinero que había ganado como modelo y contrató a una compañía para que le produjera sus primeros 15 000 kits de maquillaje. A diferencia de las líneas de cosméticos tradicionales que se venden en grandes almacenes y tienen costosísimas campañas de publicidad, ella optimizó todo en su persona usando su imagen popular. Además, eliminó canales de venta convencionales y prácticamente se limitó a vender *online* y, consciente de su fama y la fidelidad de sus seguidores, anunció la marca en sus RR. SS. y en la plataforma Shopify. ¿Sabes lo que ocurrió? Fue un *boom* inmediato. Lo vendió todo en menos de 1 min. Sin duda, es uno de los ejemplos de *branding* personal más importantes que podemos encontrar. Desde entonces, solo el kit de labios que aumentan el volumen ha vendido más de 600 millones de dólares.

2

¿EXPLOTARÁ LA BURBUJA DEL MARKETING DE *INFLUENCERS?*

Las marcas tienen que seguir las audiencias y estas se encuentran en las RR. SS. La TV ya no está ni volverá. Si comprobamos las audiencias en España, cada vez son más desastrosas, lo mismo que en el resto de países. En EE. UU. en *prime time* hay más conexiones a YouTube que a los principales canales de TV. Ya en 2017 un estudio de la agencia estadounidense Hearts & Science, de Omnicom Media Group, arrojó el dato de que los adultos entre 22 y 45 años no ven ningún contenido en los canales de TV tradicionales. Igual que ocurrió con la radio, que al aparecer la TV vio reducir y envejecer su audiencia, ahora la TV de canales tradicionales está perdiendo audiencias que se van a Internet y a los contenidos bajo demanda, y esta tendencia no hace sino consolidarse. Según Kantar Media, la empresa líder mundial de datos, *insights* y consultoría, en abril de 2022 la TV registró su peor dato de consumo desde que empezó a medir las audiencias en 1992. Perdió 32 min diarios de audiencia por persona y, si nos vamos a los menores de 44 años, los datos arrojaban que optan por canales temáticos de pago o por otras plataformas, YouTube o Twitch. En el Reino Unido, el canal público de radio y TV BBC Three, al comunicar sus datos de abril de 2022, mostró su fracaso en el intento de seducir a las audiencias de 16 a 34 años.

La gente se ha cansado de que le impongan contenidos; ahora puede elegir y elige. Los usuarios deciden qué quieren ver, y más, los jóvenes. TV, YouTube, Netflix, Instagram, Twitter, Twitch, TikTok...

Aunque esta necesidad y agilidad en la que estamos inmersos sea muy obvia, no te imaginas la cantidad de veces que he oído que las RR. SS. o que los *influencers* son solo una tendencia y que estaba perdiendo mi tiempo invirtiendo en este sector. Si la duda sigue en tu cabeza y piensas que el marketing de *influencers* es solo una tendencia que en poco tiempo se va a ir y quedará en el olvido, déjame contestarte con los siguientes tres puntos.

1. Las audiencias

Basta chequear el tiempo que dedicamos cada uno de nosotros a entrar en Internet para obtener información, visitar nuestro perfil en RR. SS. o descubrir lo que han publicado los demás, para hacernos una idea de las audiencias. Observa el siguiente gráfico del tiempo diario medio que dedicamos a la Red:

Gráfico 2.1. Media de horas por día de un usuario en internet

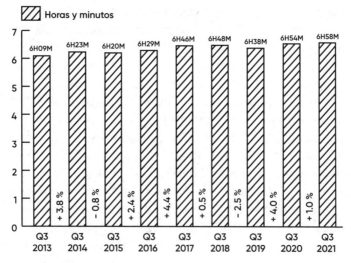

*Datos a enero de 2022.

Hablamos de horas. Y cada vez más. El tiempo que permanecemos conectados va en aumento. Sin embargo, a un periódico no se le saca de media más de 10 min/día, lo que equivaldría a 4 h/mes, en un escenario optimista. Esto quiere decir que los medios tradicionales son olvidados, mientras que las RR. SS. acompañan a la gran mayoría de los individuos a lo largo de todo el día.

Este mayor tiempo de conexión conlleva que cada vez haya más plataformas, registros y personas en las RR. SS. Se incrementan cada día; de hecho, en los últimos diez años el número de usuarios de RR. SS. se ha multiplicado por 4, pasando de 1482 a 4623 millones: Facebook ha pasado de 800 millones a nivel mundial a 2910 en los últimos diez años, y en el último año, Instagram ha crecido de 928 a 1478 millones. Solo en España ya hay más de 80 000 *influencers* con más de 10 000 seguidores. Hace tres años había justo la mitad. Esto demuestra que, lejos de caer las audiencias y por ende los *influencers,* crecen cada día.

Según el último Informe Anual sobre Tendencias en Internet, RR. SS., Mobile, E-commerce y Marketing Digital publicado en enero de 2022[1], el número de usuarios de Internet en el mundo está a punto de llegar a 5000 millones (4950 millones), de los cuales 4620 son usuarios activos de RR. SS., lo que representa un crecimiento interanual de más del 10 % (424 millones de nuevos usuarios) desde el 2021. Si prestamos atención a la cifra de usuarios de las RR. SS., equivale a más del 58 % de la población total del mundo.

Facebook, con cerca de 3000 millones de usuarios, sigue siendo la plataforma social más utilizada del mundo, mientras que YouTube está cerrando la brecha rápidamente con un crecimiento de su audiencia dos veces más rápido que el de Facebook: tiene 2560 millones de usuarios activos, lo que equivale al 88 % del último total publicado de Facebook. La tercera plataforma más utilizada es WhatsApp, y en cuanto a la audiencia de Instagram, se elevó más de un 6 %, alcanzando en los últimos noventa días antes del informe 85 millones de usuarios. Por último, TikTok, con 60 millones de usuarios, cuenta con un crecimiento del 7.3 %.

Gráfico 2.2. Redes sociales con más usuarios en el mundo

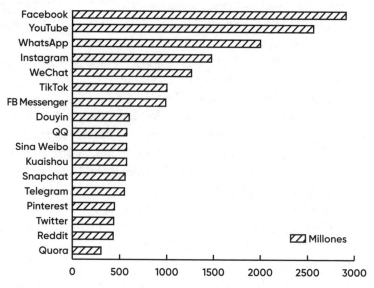

*Datos a enero de 2022.

Si observamos la edad de los usuarios, comprende todas las edades desde los trece años, si bien el porcentaje más elevado se centra entre los veinte y los 39 años. Estos porcentajes varían dependiendo de la red social:

Gráfico 2.3. Datos demográficos de los usuarios de las redes sociales

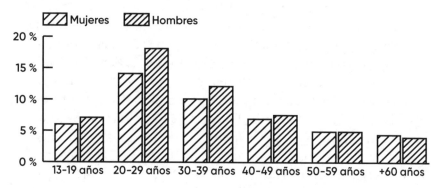

*Datos a enero de 2022.

La clave para nosotros es cuánto tiempo dedican los individuos a visitar sus RR. SS. Fíjate en este dato: la curva va en ascenso. Las RR. SS. ocuparon la mayor parte del tiempo de los medios conectados en 2021 y las personas dicen que pasan más tiempo en los canales sociales cada día que el año anterior, 2 h y 27 min.

Tabla 2.1. Media de horas por mes de un usuario en una red social

Social media app	Horas/mes
01: YouTube	23.7
02: Facebook	19.6
03: WhatsApp	18.6
04: Instragram	11.2
05: TikTok	19.6
06: Facebook Messenger	3.0
07: Twitter	5.1
08: Telegram	3.0
09: Line	11.6
10: Snapchat	3.0

*Datos a enero de 2022.

La red social con más uso es YouTube, con 23.7 h/mes, seguida de Facebook y TikTok, con 19.6 h/mes, WhatsApp, con 18.6 h/mes, e Instagram, con 11.2 h/mes.

¿Qué significa esto para las marcas? Que su punto de interés está en las RR. SS. porque tienen que invertir allí donde están las audiencias.

LAS MARCAS TIENEN QUE INVERTIR ALLÍ DONDE ESTÁN LAS AUDIENCIAS

La burbuja no ha explotado tampoco porque el marketing de *influencers* no son los *influencers,* sino las audiencias, y a estas les encantan los *influencers* porque se ven representadas por ellos. De alguna manera, representan lo que sus seguidores son en mayor o menor medida o lo que les gustaría ser, es decir, una proyección aspiracional de sí mismos.

Hasta Zara, marca que nunca ha sido vista haciendo publicidad, ha empezado a hacer campañas con *influencers:* en el primer semestre de 2022 firmó una alianza con Khloé Kardashian y su marca Good American, lo que sin duda afianzará más la marca Zara en EE. UU., y cerró su primera campaña con una *influencer* española: Marta Sierra, conocida como *la reina de las transiciones.* Con sus 27 años, esta *influencer* ha sabido ser disruptiva y ofrecer algo diferente a lo que hacían todos los demás. Quizás por eso, Sandra Ortega, como nueva presidenta de Zara, decidió dejar su metodología de crear su contenido *in-house* y dar libertad a la *influencer* para que desarrollara su creatividad.

2. La humanización de las marcas

El mercado ha cambiado porque los usuarios han modificado sus exigencias. Son los mismos, pero se han vuelto más selectivos y rechazan los contenidos claramente publicitarios y las grandes marcas pluscuamperfectas que tapan errores y únicamente se preocupan por su balance. Ya no vale usar la vieja fórmula de molestar a la gente con contenidos que no le llegan. Los bloqueadores de publicidad *(adblock)* le han dado poder. Nos han dado poder. Desde que se lanzaran de forma gratuita, permiten a los usuarios tener una mejor experiencia en las *websites* que visitamos, ya que toda la publicidad que no deseamos queda bloqueada y no nos dificulta la lectura del contenido que sí queremos ver.

Tampoco los usuarios se ven seducidos por organizaciones con los productos más impresionantes ni con las que tienen más empleados o las oficinas más grandes. No. Eso ya no funciona. El público, los consumidores, demanda calidad, empresas humanas transparentes que reconozcan sus errores y que se preocupen por la calidad de vida de sus empleados y por el cuidado del Planeta; que se comporten como seres humanos: que vivan, sientan, se preocupen y se ocupen de los grandes proyectos y de las cosas cotidianas; que se pronuncien ante la guerra, la polución, las islas de plástico, el desempleo, la enfermedad de un trabajador, los animales abandonados... En definitiva, la sociedad demanda compañías con rostros y sentimientos.

LA SOCIEDAD DEMANDA EMPRESAS CON ROSTROS Y SENTIMIENTOS

Por eso muchas empresas utilizan Snapchat, una red social de comunicación efímera, para contar anécdotas, mostrar su manera de trabajar, presentar a sus equipos y su día a día, gastar bromas que provoquen alguna que otra risa e, incluso, lanzar retos a sus seguidores, creando así una relación más cercana con ellos y atrayendo a nuevos clientes sin que queden esos vídeos o imágenes para la posteridad. Un gran ejemplo de fomento de la relación *human to human* lo dio Telepizza al retransmitir el sorteo de una *pizza* y la preparación en directo del pedido hasta que se entregó en el domicilio del ganador. Generó ilusión, intriga, risas, ganas de comer una *pizza* de Telepizza y una simpatía perenne hacia la marca.

Estas expectativas por parte de los empleados y potenciales clientes han llevado a la comunicación actual, *human to human,* un movimiento de humanización de marcas que está obligándolas a establecer una estrategia de comunicación distinta. Los CEO también se tienen que humanizar. Se acabó aquella idea de CEO inalcanzable del que apenas se sabía su nombre. Los consumidores confían más en la marca si conocen a su CEO, su filosofía de vida, sus inversiones, sus obras caritativas, sus preocupaciones, sus aficiones, etc. Esa información personal contribuye a dar personalidad a la empresa y, por tanto, a la marca.

LOS DIRECTIVOS DE AHORA DEBEN INSPIRAR Y MOTIVAR COMO HERRAMIENTAS CLAVE PARA CONECTAR CON LOS EMPLEADOS Y CON LOS POTENCIALES CLIENTES

Si lo consiguen, ambos serán fieles: los empleados desearán continuar trabajando en la compañía porque sentirán que forman parte de algo que tiene sentido y los usuarios consumirán la marca, en la medida de lo posible, porque les evocará buenas sensaciones. Recuerda que la magia gira en torno a conectar.

En las RR. SS. interactuamos con los *influencers:* les decimos lo que pensamos y obtenemos respuesta. Como usuarios de marcas todos deseamos lo mismo: poder hablar con la marca, ser escuchados y que nos den una solución, es decir, una relación de tú a tú y no con centralitas con locuciones interminables o correos que se quedan olvidados en algún buzón. Esta falta de cercanía y, en definitiva, desatención al cliente es muy peligrosa para las marcas porque numerosas plataformas, entre otras Amazon, Google y TripAdvisor, permiten dar puntuaciones y escribir comentarios que pueden dañar la imagen de la empresa.

En 2015 L'Oréal tenía un problema a nivel global que preocupaba mucho a todos sus directivos: no conseguía llegar a la gente joven porque esta utilizaba AdBlock y Ghostery, unos *softwares* de bloqueo de publicidad. El reto era llegar a ella. ¿Sabes cómo lo hizo? Utilizó a blogueros de YouTube con gran número de seguidores para explicar sus productos. Lubomira Rochet, reconocida líder digital y transformadora de negocios, entonces directora digital de la compañía francesa, puso rostro a sus productos, el de *influencers* en los que creía esa gente, e hizo creer que prescribían L'Oréal porque eran consumidores y estaban satisfechos. Estamos asistiendo a publicidad como aparente contenido de *influencers* que tienen credibilidad entre sus seguidores y capacidad de influir en sus hábitos. Rochet hizo nacer de manera inconsciente a las blogueras de belleza, y lo hizo invirtiendo en ellas como recurso generador de influencia masiva.

Jeff Bezos (Amazon) o Elon Musk (Tesla) contribuyen a la humanización de sus empresas. Utilizan las RR. SS. Se expresan, se conoce de ellos. Destaca especialmente la capacidad del fundador de Tesla y SpaceX para influir, a golpe de tuit, en la valoración de diferentes compañías. Ha hecho que empresas ajenas, como Gamestop, Signal o Badai, se disparen en bolsa. Y lo mismo hace con sus propias compañías. Un ejemplo muy claro lo vemos cuando, en agosto de 2017, publicó un tuit afirmando que privatizaría Tesla cuando las acciones de la organización alcanzaran el precio de mercado de 420 dólares. Ese tuit le costó una multa de 20 millones de dólares por parte de la Comisión de Bolsa y Valores de EE. UU.

Elon Musk ✔
@elonmusk
...

Am considering taking Tesla private at $420. Funding secured.

6:48 p. m. · 7 ago. 2018 · Twitter for iPhone

14,5 mil Retweets   **7.199** Tweets citados   **84,2 mil** Me gusta

Otro incendio lo provocó cuando dijo en Twitter que el precio de las acciones de Tesla estaba demasiado alto, lo que provocó su caída inmediata: las acciones de la empresa se desplomaran a los pocos minutos.

Las RR. SS. tienen un gran poder y Musk lo sabe, de manera que su apuesta por ellas es absoluta. Tanto es así, que ha intentado comprar una red social y no un periódico porque es consciente del inmenso poder de las RR. SS., mucho mayor que el de cualquier medio tradicional.

¿POR QUÉ TWITTER Y NO UN PERIÓDICO?

Lo ha explicado con claridad: «La libertad de expresión es el cimiento de una democracia funcional y Twitter es la plaza digital del pueblo donde se debaten los asuntos vitales para el futuro de la humanidad». Sin duda, con 436 millones de usuarios, es una de las grandes plazas del mundo. Comparémoslo con *The New York Times,* uno de los periódicos más leídos del mundo con sus casi 20 millones de usuarios únicos diarios.

Otro perfil muy diferente es el de Mark Zuckerberg (Meta, antiguo Facebook): muy reservado, no le gusta exhibirse y guarda con celo su vida privada, pero usa su gran capacidad para mover el mercado como y cuando lo desea. Bastó con hacer pública su firme apuesta por el metaverso para que la gente se lanzase a comprar propiedades en ese universo virtual, entrando en pujas de cifras astronómicas por casas, edificios, parques y puertos que vieron cuadruplicados sus precios.

Si nos centramos en España, el proceso va lento, pero va. Algunos CEO exhiben sus pensamientos, preocupaciones, ilusiones y aficiones, como la presidenta del Banco Santander en Groenlandia, en enero de 2020, en un conocido programa de TV. Con ese reportaje habló de ella, de su familia, de sus inquietudes y, con ello, entró en muchos hogares que hasta entonces solo la veían como una presidenta distante de sus clientes y de la sociedad en general.

Las empresas cuidan la sostenibilidad y el bienestar colectivo, ayudan a los grupos desfavorecidos y facilitan la conciliación laboral de sus empleados con la familia. Si miramos a nivel internacional, la franquicia de cafés Starbucks viene siendo un excelente ejemplo desde que en 2012 comenzó a apoyar económicamente a las minorías y a cuidar la sostenibilidad.

3. ¿Pasarán de moda los *influencers*?

La respuesta no tiene que ver con el marketing de *influencers,* sino con las audiencias. ¿Qué ven los niños? ¿TV? No. Ven plataformas de vídeo bajo demanda (VBD) como Netflix, RR. SS. como TikTok o Twitch y videojuegos como Roblox. En 2015 empezó un movimiento de los niños y adolescentes en YouTube que encontraban contenidos que buscaban a la hora a la que querían. Esta tendencia ha seguido y se ha consolidado. La gran mayoría de los jóvenes reconoce ver a diario YouTube sin consumir TV, frente a un porcentaje muy bajo que ven la TV convencional. Rechazan la TV en formato tradicional por la imposibilidad de elegir los contenidos que desean en el momento que quieren (salvo que sea TV a la carta) y la falta de interacción.

Con las RR. SS. ocurrirá lo mismo que ha pasado con los canales de TV: antes esta contaba con un solo canal y era en blanco y negro; ahora hay cientos. Asimismo, las plataformas no explotarán, pero sí habrá mucha más oferta. Y más audiencias si sumamos las de todas las RR. SS. en conjunto, pero menos audiencias en cada una.

ESTAMOS ASISTIENDO A UNA SEGMENTACIÓN DE LAS AUDIENCIAS

Cada red social tiene su grupo de usuarios, diferente del de las demás. Los contenidos atraen a un perfil de usuarios y, a su vez, este marca los contenidos. Se trata de un bucle en el que lo uno lleva a lo otro y lo otro a lo uno.

Entre las RR. SS. hay movimientos de seguidores de una a otra. Algunos están en todas, pero otros, como los niños, se van de Facebook a TikTok, una plataforma mucho más ágil y dinámica, con vídeos cortos que les atrapan (TikTok se define como una red social de jóvenes muy jóvenes). Y del mismo modo, Twitter se emplea para temas políticos y económicos; Instagram, cuyo principal público es femenino, se dedica más al *lifestyle;* Twitch es la favorita de los *streamers* y uno de los formatos en los que más se están viendo torneos y competiciones; Pinterest, de decoración y creatividad, es de las RR. SS. más vistas en *tablets,* etc.

Esta segmentación se ve claramente en el gráfico que hay a continuación:

Tabla 2.2. Redes sociales favoritas de las mujeres internautas

Plataformas sociales	16-24 años	25-34 años	35-44 años	45-54 años	55-64 años
WhatsApp	12.0 %	14.0 %	15.1 %	17.2 %	20.4 %
Instagram	25.6 %	17.8 %	12.7 %	9.9 %	6.9 %
Facebook	7.3 %	13.0 %	15.7 %	18.0 %	19.2 %
WeChat	8.5 %	12.9 %	14.5 %	13.0 %	8.7 %
Douyin	4.1 %	5.9 %	5.8 %	4.6 %	3.6 %
TikTok	8.9 %	5.2 %	3.8 %	3.3 %	1.5 %
Twitter	4.8 %	2.6 %	2.3 %	2.1 %	1.9 %
FB Msgr	2.1 %	2.5 %	2.7 %	2.7 %	3.7 %
Telegram	1.4 %	1.4 %	1.4 %	1.0 %	1.2 %
Line	0.9 %	1.3 %	2.4 %	2.8 %	4.4 %

Tabla 2.3. Redes sociales favoritas de los hombres internautas

Plataformas sociales	16-24 años	25-34 años	35-44 años	45-54 años	55-64 años
WhatsApp	14.5 %	15.7 %	16.9 %	**19.3 %**	**19.6 %**
Instagram	**22.8 %**	13.8 %	8.7 %	6.3 %	4.2 %
Facebook	11.1 %	**15.9 %**	**17.7 %**	17.9 %	18.9 %
WeChat	7.5 %	12.0 %	14.2 %	12.1 %	10.9 %
Douyin	4.1 %	5.6 %	6.3 %	5.1 %	4.2 %
TikTok	5.4 %	3.5 %	2.7 %	2.5 %	1.5 %
Twitter	3.7 %	3.6 %	3.4 %	3.5 %	3.1 %
FB Msgr	2.1 %	2.7 %	2.6 %	2.6 %	3.0 %
Telegram	3.1 %	2.7 %	2.3 %	1.9 %	1.7 %
Line	1.0 %	1.2 %	1.9 %	2.7 %	3.8 %

Ahora bien, los *influencers* tendrán que aprender a medir su publicidad para no perder atractivo para sus seguidores. Si los siguen, es porque se creen sus contenidos. Cualquier publicidad que lo parezca es un error. El escenario en el que nos encontramos ahora es que, debido al fuerte crecimiento de la inversión, ha aumentado el número de publicaciones comerciales, llegando en algunos perfiles a superar el umbral de saturación (30 %). Este exceso de contenido publicitario se ha convertido en uno de los principales problemas del sector en la actualidad. En España el 18.62 % de las publicaciones realizadas por *influencers* incluyeron contenido publicitario[2].

3
ROMPIENDO CONCEPTOS

A lo largo de mi carrera como profesional de marketing y de desarrollo de *software* he oído hablar de muchos mitos del marketing de *influencers* que se dan por ciertos e incluso que se argumentan como si estuvieran contrastados, pero con el paso del tiempo, trabajando con *softwares,* haciendo números y uniendo mi propia experiencia, me he ido dando cuenta de que son solo eso: mitos. Como ocurre en todas las profesiones y facetas de la vida, especialmente con la historia muy lejana de la que no hay pruebas documentales contrastadas, la gente elucubra, y eso que fue una suposición termina adquiriendo casi el rango de dogma. Esta especulación que deriva en creencia popular resulta especialmente frecuente en el marketing de *influencers* y su medición por lo que tiene de novedoso. Por eso quiero dedicar este capítulo a explicar con claridad conceptos clave confundidos que se dan por ciertos (a veces incluso por profesionales del sector del marketing, tanto en reuniones como en artículos que publica en medios) para ayudarte a tener éxito en tus estrategias, porque el objetivo del libro es darte las herramientas para que domines el marketing de *influencers* y seas líder en él.

Es imposible alcanzar el objetivo y que una campaña con *influencers* funcione de manera óptima si estamos equivocados con ideas clave. Para ello es fundamental seguir el camino correcto.

Vamos a desmitificar.

1. Quién es el principal competidor de los *influencers* del que nadie habla

La gente suele decir que los competidores de los *influencers* son otros medios digitales, y es cierto, pero no son los principales; hay otros que compiten mucho más con los *influencers* y les restan ingresos. ¿Sabes quiénes? La respuesta te va a sorprender, pero tiene una explicación muy sencilla: sus propias RR. SS.

EL PRINCIPAL COMPETIDOR DE TODOS Y CADA UNO DE LOS *INFLUENCERS* ES SU PROPIA RED SOCIAL

¿Por qué?, ¿me he vuelto loco al decirte esto? Quizás lo parezca, pero no. Vas a ver cómo tiene todo el sentido.

Hagamos un poco de historia para entenderlo. El marketing de *influencers* empezó con los blogueros, quienes tenían un poder del que los *influencers* de hoy carecen en las RR. SS.: control sobre su audiencia. Este control resultaba esencial para monetizar sus contenidos y por eso justamente montaron los blogueros sus blogs. Con ellos, gracias a que trabajaban con su propio WordPress (u otro sistema de gestión de contenidos o CMS), conseguían los correos y otra información fundamental para crear una comunidad que ellos controlaban. Esa base de datos les permitía tener un activo *(asset)*, una base de datos que, independientemente de lo que pudiera pasar con su blog, era algo algo valioso en sí. Pero eso no pasa con las plataformas sociales, sino precisamente lo contrario: los *influencers* tienen seguidores, pero nada más. Únicamente tienen un *follow*.

LOS *INFLUENCERS* ÚNICAMENTE TIENEN *FOLLOWERS*

No saben su correo, su teléfono, su dirección postal; nada de nada. Si mañana Instagram cancelara tu cuenta, no tendrías nada de valor real. Si cerrara la de un *influencer*, él tampoco. Si desapareciera la red social por completo de la vida de todos, los *influencers* perderían su negocio. Esto supone un riesgo muy grande para los *influencers*.

EN LAS REDES SOCIALES CREAMOS UNA COMUNIDAD, PERO NO UNA BASE DE DATOS

El *influencer* solo sabe cuánta gente le sigue y, salvo que sean amigos o conocidos, no tiene manera de saber o de tener más datos de ellos.

Luego, en esta relación de «ni contigo ni sin ti», los *influencers* tienen una plataforma muy poderosa en la que su visibilidad puede ser mucho mayor de lo que sería en un blog. Esa plataforma son las RR. SS., que les permiten crecer y ganar dinero con publicidad, rentabilizando su imagen. Sin embargo, su activo principal no está en sus manos. Y aquí se abre un conflicto muy grande.

Para las RR. SS. su mayor activo son los *influencers;* los necesitan y quieren, pues sin ellos no tendrían las audiencias que consiguen. Pero, al mismo tiempo, son sus competidores porque, si los *influencers* hacen campañas de publicidad de productos en sus cuentas, esos productos no se publicitan directamente en la red social, es decir, el dinero va al *influencer,* y no a la plataforma. Este es el motivo por el que todos los años tanto Facebook como Instagram bajan la capacidad de alcance orgánico de los *influencers*.

TODOS LOS AÑOS TANTO FACEBOOK COMO INSTAGRAM BAJAN LA CAPACIDAD DE ALCANCE ORGÁNICO DE LOS *INFLUENCERS*

Por muchos seguidores que tenga un *influencer,* llega a menos público que hace dos años. ¿No te has fijado en alguno de esos a los que sigues?, ¿en ti mismo si tienes una cuenta abierta con más seguidores que no sean solo tus amigos? Esta pérdida de *engagement* les hace menos valiosos para las marcas y desemboca en que estas se debatan entre invertir en *influencers* o en la propia red social *(paid media).*

Con esta limitación en Instagram y Facebook, se da la paradoja de que una persona con un millón de seguidores puede alcanzar a menos gente que alguien con 500 000. Esto cambia totalmente los datos en los que se tienen que fijar las compañías para valorar y elegir al *influencer* adecuado para representar su marca o promover su producto.

El primer indicador que hay que tener en cuenta es el ratio o tasa de alcance *(reach rate).* Las marcas deben dejar de mirar el número de seguidores y empezar a trabajar con el alcance medio *(average reach)* y el *reach rate* por contenido.

Sin embargo, todavía hay muchas compañías que, para maximizar el resultado de sus campañas, pagan conforme el número de seguidores. ¿Es tu caso?

2. Coste y rentabilidad de los *influencers*

¿Es desorbitado que un *influencer* pida 100 000 euros por una mención a una marca en su contenido?

Estoy cansado de oír que los *influencers* son caros. La verdad es que sí y que no. Todo depende del *influencer* y de su *performance.* Como en cada sector, negocio y área en la que queramos pensar, hay buenos, muy buenos, malos, muy malos y regulares. Y dentro de los muy buenos, los hay muy rentables porque proporcionan un retorno muy elevado a la inversión realizada y los hay muy poco rentables porque, aunque son buenísimos en lo que quiera que hagan, su coste supera el beneficio neto obtenido.

El problema es que emocionalmente no entendemos cómo un joven de veinte años puede comprar un coche de 200 000 euros haciendo vídeos en YouTube. Y por eso decimos que recibe mucho. Pero, si miramos su coste en comparación con otros medios, el talento puede estar cobrando muy muy poco por su trabajo; es más, puede ser un chollo en comparación con los medios tradicionales. De estos nunca pensamos que ganan mucho porque no son personas; no vemos sus coches, casas, relojes o caprichos en Instagram, y no los vemos porque son empresas «gordas» y, además, nos parece más razonable que una compañía cobre mucho. ¡Como si un talento no fuera un negocio también!

Luego, la pregunta que nos tenemos que hacer no es si es caro o no lo que cobran los *influencers,* sino si son rentables (es decir, si son más rentables que los medios convencionales) y si nos salen más económicos o más caros que un anuncio publicitario convencional. Para ello vamos a ver el coste que supone hacer un anuncio publicitario en TV, el medio por excelencia en España. En Primetag hicimos un estudio de cuánto supone pagar a talentos frente a utilizar un medio tradicional como la TV comparando presupuestos medios que se practican en el mercado. Definimos como objetivo de una marca llegar con su mensaje a 1.5 millones de jóvenes españoles (14-25 años) y planteamos dos posibilidades:

1. Un vídeo de un *youtuber* mega en España para su canal.

2. Un anuncio convencional de TV.

Vamos a considerar a un *youtuber* con más de 10 millones de suscriptores, cuyo vídeo puede tener muchos millones de visualizaciones.

Y vamos a desglosar los presupuestos en cuatro puntos:

1. Costes de producción.

2. Costes de creatividad.

3. Costes de emisión en el medio.

4. *Fee* del actor/actriz del anuncio (considerando un único talento con un nivel razonable de reconocimiento entre jóvenes, por comparación).

Ahora, con todos estos datos de partida, veamos los costes aproximados de una y de otra opción:

Tabla 3.1. Comparativa de las inversiones que hay que realizar para hacer un anuncio en TV versus con un *youtuber*

Concepto	Anuncio TV	*Youtuber*
Costes de producción	120 000 € (nivel medio, sin sofisticaciones)	100 000 €
Costes de creatividad	35 000 € (nivel medio-bajo)	
Fee de actores	70 000 € (actor semiconocido)	
Costes media	170 000 - 225 000€ (según competitividad de compra)	
Periodo de activación para conseguir el objetivo	18 días	2 días
¿Se puede medir el embudo completo?	No	Sí
Coste total	395 000 €	100 000 €

Esta simulación corresponde a 85 Gross Rating Point (GRP) —un indicador del número total de impactos conseguidos por cada 100 personas del público objetivo a lo largo de un periodo de tiempo determinado— en individuos entre 14 y 25 años en España, con una media *performance* del 31 % de cobertura (1+), equivalentes a 1.5 millones de jóvenes del *target* y una frecuencia media de 2.7.

Se consideró un anuncio convencional con Mix TV Channel representativo del consumo del mercado, con un *daypart* del 40 % PT/60 % DT.

Conclusiones

Solo los costes de producción de un anuncio de TV resultan más caros que el vídeo del *youtuber,* y todavía no se ha obtenido nada porque solo estamos hablando de producción. Presupuestar el rodaje o la sesión de fotos, la edición y la emisión nos llevaría a un presupuesto final aproximadamente cuatro veces superior para llegar al mismo objetivo.

El *youtuber* cuesta cuatro veces menos que un anuncio en TV y le lleva nueve veces menos tiempo para llegar al mismo resultado.

De un *influencer* se puede medir cualquier tipo de dato, desde a cuánta gente ha llegado hasta cuánto ha comprado a través de su contenido; en la TV, no.

¿Sigues pensando que invertir 100 000 euros en un *influencer* es mucho?

LA CLAVE NO ES EL COSTE DEL *INFLUENCER*, SINO EL *INFLUENCER* QUE ELIJAS

Tienes que contratar al adecuado, y eso lo tienes que hacer valorando todos los datos.

Pero el marketing de *influencers* es demasiado disruptivo para una industria de publicidad basada en relaciones y en personas que ya se conocen antes de las RR. SS. y que no comprenden que un joven que se graba con su móvil o su ordenador en cualquier lugar con un simple micrófono, sin técnicos, asesores, creativos ni directivos, pueda ofrecer más rentabilidad que un rodaje que requiere muchos más medios y presupuesto. Esto lleva a la gran paradoja de que el negocio de la TV sea donde las empresas invierten más dinero para publicitarse todos los años cuando, como hemos visto, casi ninguna persona por debajo de los 45 años ve la TV.

3. *Microinfluencers* versus *macroinfluencers*

Estamos acostumbrados a oír que los *microinfluencers* tienen más *engagement* que los *macroinfluencers*. Si buscamos en Internet, aparecen numerosos artículos asegurándolo; algunos llegan incluso a garantizar que, mientras que la tasa de interacciones *(Engagement Rate* [ER]*)* de un *macroinfluencer* se sitúa alrededor del 5 %, la de los *microinfluencers* está alrededor del 10 %, es decir, el doble. Esto no es cierto.

EL MITO DE QUE LOS *MICROINFLUENCERS* TIENEN MÁS TASA DE INTERACCIONES QUE LOS *MACROINFLUENCERS* NO ES VERDAD

Vamos a empezar por definir la ER: es la media de seguidores que interactúan con tus contenidos por cada 100 seguidores. Si interactúan 10, tienes una ER del 10 %.

Tasa de interacciones = *Engagement Rate* (ER) = (número medio de interacciones por publicación / número total de seguidores) × 100

Observa este gráfico de la ER en España basado en un estudio realizado con los 80 000 *influencers* que había en 2021:

Gráfico 3.1. Tasa media de interacciones por número de seguidores

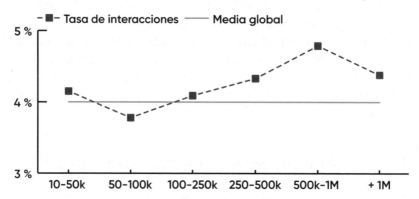

La ER de media de un *influencer* es del 4 %:

- 10 000-50 000 seguidores: 4.1 % (ER).
- 50 000-100 000 seguidores: 3.8 % (ER).
- A partir de 100 000 seguidores, va subiendo hasta llegar al 4.79 % con los que tienen 500 000-un millón de seguidores.
- A partir de un millón, baja hasta el 4.2 %.

Es verdad que los *microinfluencers* tienen audiencias mucho más enfocadas en el tema que publican y que por eso deberían tener mucha más ER que los *macroinfluencers,* cuya audiencia está más diversificada por los distintos temas que el *influencer* publica. Pero todavía en el ámbito de los *microinfluencers* hay mayor fraude con la compra de seguidores y *likes,* por lo que existe una dispersión larga entre *microinfluencers* auténticos (con alta ER) y *microinfluencers* apalancados por estrategias no orgánicas (baja ER); por eso, la media de ER de los dos tipos de *microinfluencers* hace que su media de ER resulte más baja que en los *macroinfluencers.* Hay mucho menos fraude en los *macroinfluencers,* pues no tienen tanta necesidad de comprar seguidores ni *likes.* Es posible que, si no hubiese falsos seguidores, la tendencia fuese la de más ER en los *microinfluencers* que en los *macroinfluencers,* pero eso no pasa. Resulta fundamental una buena valoración de la audiencia de un *microinfluencer* para que no malgastes tu inversión.

Pero el punto clave no es este, ya que la valoración no tiene que ver con el número de seguidores, no hay que hacerla por *microinfluencers* o *macroinfluencers,* sino teniendo en cuenta dos variables de las que nunca se habla: el país de la audiencia del *influencer,* independientemente de su dimensión, y la edad de la audiencia principal del *influencer,* independientemente de su dimensión.

Culturalmente hay más probabilidad de que las audiencias de Latinoamérica interactúen más con el contenido de un *influencer* que las audiencias de Noruega, por ejemplo, y esto es independiente de la dimensión. La edad de la audiencia también es superrelevante. Observa el gráfico siguiente donde enseño la ER por edad de la audiencia:

Gráfico 3.2. Tasa media de interacciones por edad de la audiencia

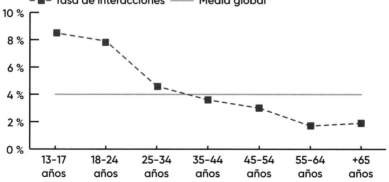

Viendo este gráfico nos damos cuenta de que las audiencias muy jóvenes (de 13 a 17 años) tienen en torno a un 8 % de *engagement* y, a medida que aumenta la edad, cae más. Por ejemplo, a partir de 55 años el *engagement* se desploma hasta el 1.5 y el 2 %. Esta caída no tiene una explicación justificada más allá de que la gente joven tiene menos inhibiciones a la hora de expresar sus gustos, poner *likes* o escribir comentarios, pues lo hace con más naturalidad; en cambio, los adultos miden mucho cualquier interacción con las publicaciones, casi como si poner un *like* fuera hacer una declaración o asumir un compromiso.

Así, viendo estos datos, lo realmente importante es la audiencia, independientemente de si el *influencer* es micro o macro, porque si es macro pero su audiencia tiene cuarenta años de media, el *engagement* será mucho menor que el de un *microinfluencer* de 18.

4. *Influencers* como canales de venta directa

A lo largo de mi carrera, muchos medios han hablado de los *influencers* como el arma infalible para vender y hacer viral una marca, lo que ha generado una expectativa muy elevada respecto a los *influencers* y lleva a que se crea que basta hacer marketing de *influencers* para que las ventas exploten.

Cuando la marca habla con un *influencer* y le encarga una publicación o una *story* para generar ventas, tiene que saber que no es normal que el *influencer* genere ventas con una simple publicación o una *story;* se tiene que generar reputación de la marca junto a la audiencia del *influencer.* Este tiene que ir enamorando a la audiencia del producto, ir introduciendo las propuestas de valor y el valor añadido del producto e ir incorporándolo en momentos clave de su rutina para que el consumidor vaya siendo tocado varias veces, vaya interiorizando el producto, creyendo en él, deseándolo y, finalmente, se convierta en un consumidor efectivo de la marca. La audiencia cree en las rutinas del *influencer,* en esos productos que forman parte de sus hábitos; por eso es necesario que haya un compromiso prolongado en el tiempo entre la marca y el *influencer.*

ES NECESARIO QUE HAYA UN COMPROMISO PROLONGADO EN EL TIEMPO ENTRE LA MARCA Y EL *INFLUENCER*

Es decir, es fundamental crear diferentes momentos de comunicación con un *influencer,* unos más enfocados en reputación y *awareness* y otros en involucrar a la comunidad, como un evento, un *giveaway* (concurso realizado por una marca con la finalidad de que los participantes realicen una acción determinada), un tutorial, vídeos explicativos, etc. Después, en el momento de la conversión, hay que crear momentos como las rebajas o ventas especiales, y ahí sí: el talento presentará a su audiencia una oportunidad para generar una compra de ese producto.

LA VENTA ES UN CAMINO QUE SE VA DESARROLLANDO Y CONSOLIDANDO A LO LARGO DEL TIEMPO

Otra cosa fundamental es que el *influencer* no debe estar solo; la marca debe involucrarlo en el *mix media,* es decir, en la comunicación que la marca tiene invertida en diferentes medios.

El último punto clave que has de tener en cuenta es que los talentos no son efectivos para el *last click* (clic y compra); sus acciones son increíbles para presentar novedades que después el consumidor madurará recibiendo más impactos por más medios de la marca hasta que compre el producto.

LOS *INFLUENCERS* SON *FIRST CLICK SALES*

Ellos son buenos para vender, pero no de manera directa e inmediata. Son los primeros que generan un interés en la venta, pero después los departamentos de marketing tienen que ser efectivos en la concretización del potencial cliente.

Vamos a ver un ejemplo muy curioso que se dio el año pasado con la creadora de contenidos Laura Escanes y a analizar las ventas que generó para la misma marca dependiendo de las acciones y de los contenidos que publicó.

La primera acción consistió en la divulgación de la marca, de sus productos y su catálogo, algo muy inspiracional y de generación de reputación para la marca. Con estos primeros contenidos, Escanes generó solamente 45 ventas para la marca, pero está bien porque el objetivo no era la conversión, sino enamorar a su audiencia del nuevo producto. La tipología de contenido fue mucho más inspiracional, sin una gran comunicación de oportunidad de venta, rebaja o generación de tráfico para la web de la marca. Y así fue durante algún tiempo, hasta que llegó el momento de convertir a su audiencia, que ya conocía la marca a lo largo de sus publicaciones, en nuevos clientes para la marca. En dos *stories* Escanes comunicó a su audiencia una promoción superinteresante y en 48 h se generaron 5161 ventas (se midió a través de un código de descuento). La estrategia fue perfecta y dio resultado.

Se dieron todos los pasos que se tenían que dar entre la audiencia de Escanes, Escanes y la marca, y funcionó: el producto era el estilo de Escanes. La audiencia era el *target* de la marca. La oportunidad comunicada para la compra del producto fue muy buena. Y la audiencia se convirtió en cliente.

5. La empresa no debe controlar el 100 % del contenido del *influencer*

Tiene que haber un cambio muy disruptivo en las empresas y en su manera de concebir la publicidad. Ya hemos visto que cuando hacen publicidad tradicional están acostumbradas a pagar a un equipo de producción con la finalidad de asegurar que ese contenido represente a la empresa, y ese equipo eleva considerablemente los costes y los días de trabajo. En cambio, cuando la compañía se humaniza y contrata a *influencers* para poner rostro, valores, emociones y sensaciones, trabaja con algo que no controla: la relación cercana entre el *influencer* y su audiencia.

Hay que tener presente que los *influencers* lo son porque les siguen; han ganado seguidores e influencia por ser ellos mismos, por hablar como hablan y no por presentarse como otros les dicen que lo hagan. Si tenemos en cuenta esta premisa, no tiene sentido que una marca controle el 100 % del contenido del *influencer*. ¿Para qué contratar a un *influencer* con una personalidad propia si se le quiere moldear al antojo de otra cosa con la que su audiencia no se identifica? Las marcas tienen que trasladar al *influencer* la filosofía de la marca, la identidad, el propósito; deben hacer que entienda la marca para, haciéndola suya, interiorizándola como si fuese imprescindible para él, expresarla con su estilo y conseguir que sea creíble para su audiencia.

EL CAMINO PARA LA RELACIÓN PERFECTA ENTRE LA MARCA Y EL *INFLUENCER* SE LLAMA *COCREACIÓN*

La cocreación es una relación de absoluta simbiosis entre la marca y el *influencer*. La marca siente que la acción del *influencer* se identifica más con ella, que entre ambos llegan a elaborar la redacción y a pensar en cómo crear contenidos y *storytelling* y en cómo maximizar los resultados. El *influencer,* por su parte, establece una relación muy cercana con la marca. Los *influencers* que llegan a un acuerdo de cocreación demuestran un compromiso absoluto e impecable. El nivel de aportación del *influencer* dependerá de lo que pacte con la empresa, pero lo que siempre se le pide en una cocreación es que proporcione sus ideas con el fin de que la campaña sea más auténtica, y por tanto creíble e impactante.

Básicamente, esa cocreación entre marca e *influencer* suele utilizarse para crear contenido o una colección cápsula, pero también se llegan a diseñar envases, campañas de comunicación con sus frases, tiempos e imagen o un evento, y se generan contenidos para las RR. SS.

Una de las cocreaciones que más me gustan son los *live shoppings,* en los que el *influencer* y la marca presentan una colección, un producto en *live* para la comunidad donde existe la oportunidad de compra directa en el propio contenido. De esta manera, se acorta la distancia entre el interés inmediato y la oportunidad de compra.

Si eres una marca, sin duda te recomiendo que apuestes por la cocreación; con ella, el *influencer* se sentirá parte del proceso, se identificará con la marca.

La clave es encontrar al *influencer* perfecto, ese que comparte los valores de tu marca. Estudia bien todos los detalles, analiza sus datos, asegúrate de que su audiencia es la tuya. Justamente esto es lo que te cuento en el próximo capítulo para que puedas encontrar a tu *influencer*.

6. Mi agencia tiene un *software*: ya estoy cubierto

Es normal que una agencia tenga un *software* de marketing de *influencers,* pero eso no significa que tú, como marca o grupo, no debas tener uno también. Depender de los datos de las agencias es fiarte al 100 % de lo que te digan, sin tener capacidad para validar si lo que te comparten tiene sentido. No digo que tu agencia te engañe. ¡No! Lo que digo es que tienes que tener la capacidad de poder validar si la estrategia y los talentos que te comparte tu agencia tienen sentido para lo que tú buscas.

Asimismo resulta normal que trabajes con distintas agencias y que las vayas cambiando a lo largo del tiempo. Les pasa a todas las marcas: unas están más especializadas en eventos o *paid media* y otras se encuentran más enfocadas en *seeding* y *gifting*. Es imposible que una marca las pueda comparar y decir que la Agencia A está funcionando mejor que la Agencia B si no hay forma de poder comparar resultados. Si cada agencia trabaja con su propio *software* que tiene sus propias fórmulas y reporta las campañas en su formato, ¿cómo puede existir una comparación justa para las dos agencias?

Por último, tienes que tener control y centralizar todos los datos. No hay otra forma de trabajar y conseguir resultados efectivos, visibles, en marketing de *influencers*. Tú tienes que controlar tus datos y tenerlos organizados para poder evolucionar todos los años. Si cambias de agencia y no tienes los datos en tu propio *software,* partirás de cero cuando empieces con la siguiente agencia. Eso sería una pérdida de trabajo enorme y, por tanto, de eficiencia.

Una marca tiene que tener autonomía, imparcialidad y comparabilidad de datos para obtener buenos resultados en este sector. ¿Las tienes?

4

LA FÓRMULA MÁGICA PARA ELEGIR AL *INFLUENCER* MÁS ADECUADO

En el mercado con frecuencia las marcas eligen a los *influencers* de una forma emocional y no científica, lo que no genera un retorno rentable porque las emociones pueden no coincidir con los intereses económicos. Casi a diario oigo a los clientes cosas como «quiero a este *influencer* porque a mi hijo le gusta mucho», «me gusta mucho esta actriz; vi su última película en la que era la protagonista y lo hace increíble. Creo que puede ser muy buena imagen para nosotros» o «quiero a este *influencer* porque trabajé con él hace dos años en la empresa en la que estaba antes de venirme aquí y funcionó muy bien. Estuvimos todos muy contentos». Error. Y grande. Muy grande. Al *influencer* hay que seleccionarlo de manera matemática fruto de medir numerosos datos y variables que lo pueden cambiar todo.

Ten claro que lo que hay que conseguir es el encaje entre lo que necesita la marca y lo que ofrece el *influencer*. Pero ¿cómo escoger bien, sin lugar a dudas, al *influencer* apropiado sin además repetir siempre lo mismo?

Para garantizar que seleccionas a los talentos más adecuados para tu campaña, tienes de ser capaz de contestar a tres preguntas:

Embudo de adquisición de clientes

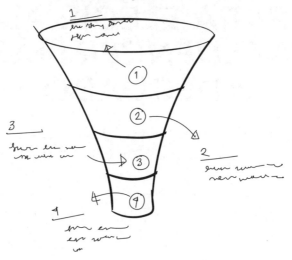

1. ¿Cuál es tu objetivo? Es muy importante cuantificar tu objetivo, marcar las expectativas, crear un histórico interno y compararlo en cada proyección y determinar a cuántas personas quieres llegar para poder saber qué plataformas, formatos, contenidos e *influencers* debes elegir. Según cambia el objetivo, lo hace también la tipología del talento. Si tu objetivo es generar contenido de marca, es mejor contratar a varios *microinfluencers,* pero si es llegar a mucha gente, resulta más económico que contrates a un *macroinfluencer* o a un *megainfluencer* en lugar de a cincuenta *microinfluencers* para llegar al mismo resultado. En la siguiente tabla te comparto un guion muy sencillo para que conozcas el valor que te puede aportar cada tipología de *influencer:*

Tabla 4.1. Tipología de *influencers*: micro, medio, macro y mega

Tipología	Seguidores	Fraude	Alcance orgánico	Objetivos
Micro	10-100k	**Elevado** 2 de cada 3 talentos tienen estrategias de crecimiento fraudulentas (compra de seguidores o follow4follow)	**Bajo** En comparación con la media general, los micro tienen 10-15% menos de alcance por cada 100 seguidores	• Generar conversación • Generar contenidos y tener derechos para publicidad • Impactar audiencias muy segmentados
Medio	100-500k	**Medio** 1 de cada 3 talentos tienen estrategias de crecimiento fraudulentas (compra de seguidores)	**Alto** En comparación con la media general, los medios tienen 15-18% más de alcance por cada 100 seguidores	• Generar conversación • Generar alcance • Generar conversión
Macro	+500k - 1M	**Bajo**	**Medio** En comparación con la media general, los macro tienen 2-5% más de alcance por cada 100 seguidores	• Generar alcance • Ganar reputación o posicionamiento • Generar conversión
Mega	+1M	**Muy bajo**	**Medio** En comparación con la media general, los macro tienen 1-2% más de alcance por cada 100 seguidores	• Generar alcance • Ganar reputación o posicionamiento • Expandir la marca para otros mercados

2. ¿Cuál es tu *briefing*? Tienes que definir un tema. ¿Qué quieres comunicar? ¿Qué buscas y qué no buscas? ¿Cuál es el área/tema/sector?

3. ¿Cuál es tu audiencia? Hay que definirla. ¿A quién le vendes tu producto o servicio? ¿Hombre?, ¿mujer?, ¿trabajador?, ¿estudiante?, ¿persona con nivel adquisitivo medio, alto o bajo? Esos datos (edad, sexo, ubicación, intereses y perfil socioeconómico) son información fundamental porque con ella dibujaremos el *buyer persona* y la tendremos que encontrar en las audiencias de los talentos que escoges.

Después de contestar a cada pregunta, con las respuestas bien claras, ¡estás listo para empezar!

Te lo voy a poner muy fácil con los consejos que te voy a dar. Debes partir de la premisa de que una buena campaña de marketing de *influencers* tiene tres momentos:

1. Búsqueda y evaluación de los *influencers* perfectos para la campaña.
2. Medición de la campaña (qué datos medir y determinar si son reales y fidedignos).
3. Comparación de los resultados con la media del sector y aprender (qué talentos han ido bien y cuáles menos bien y optimizar para la próxima).

Sin duda, el factor que más determina el éxito de la campaña y el más importante es el primero: buscar y evaluar a talentos.

Este paso es el pilar básico porque, si seleccionas a los *influencers* erróneos, no hay manera de sacar el mejor retorno ya que habrás empezado sin cimientos. Por muy bueno que sea el producto, por muy impactante que resulte el empaquetado, por mucho dinero que inviertas en *influencers* y por mucho alcance que tengan, si no son los correctos, no vas a obtener el retorno deseado; es más, puede que hayas tirado el dinero. Si tienes la mejor crema antiacné pero tu *influencer* es una mujer de 45 años con piel de porcelana, por muy buena ER que tenga con su audiencia, su audiencia no es la tuya. Por eso en este capítulo te voy a enseñar qué preguntas te tienes que hacer y qué criterios debes aplicar para descubrir a tus *influencers* adecuados. Es esto nos centraremos en este capítulo.

A lo largo de los años han pasado muchas campañas por Primetag y nos hemos dado cuenta de que cada empresa tiene su manera de trabajar, su propia fórmula. Algunas no tienen ningún sentido y otras bastante pero con puntos que mejorar; por eso he creado esta fórmula basándome en mi experiencia profesional con marcas. He captado los puntos más fuertes de cada una y he trabajado en una secuencia que creo que es muy buena para que las compañías puedan llegar a los «tres» talentos más recomendables para una campaña. Independientemente de tu relación con los *influencers*, el resultado de aplicar esta metodología es que saldrán los talentos que más te convienen en relación con tu objetivo (sean uno, cinco o cien). Los *influencers* que salgan serán los que más rentabilidad te aportarán. ¿Empezamos?

En España hay más de 80 000 *influencers* con más de 10 000 seguidores. En cada desafío, en cada estrategia, comenzamos con todos y seguimos un embudo de marca, de objetivos y de presupuesto (*on brand, on goal* y *on budget*) para llegar a los tres perfectos para tu reto. Pero recuerda que el primer paso antes de la búsqueda y la selección consiste en contestar a las tres preguntas.

EJEMPLO PRÁCTICO PARA CONSEGUIR A LOS *INFLUENCERS* MÁS RELEVANTES PARA TU MARCA

Para ayudarte a entender el proceso, he creado un ejercicio (campaña falsa) para que estés de acuerdo con el *briefing* y además puedas elegir a los tres talentos perfectos para ella.

- **Marca:** Marca dermocosmética que se vende en farmacias.
- **Producto:** Crema para espinillas y granos en la cara.
- **Objetivo:** Comunicar el nuevo producto y generar *awareness* dentro del *target*. El CPM del sector belleza y salud en marketing de *influencers* es de 21 euros, así que deberemos tener una propuesta de *influencers* proyectada por debajo de este indicador.
- *Briefing:* Lanzamiento en España de esta nueva crema donde se tienen que comunicar los puntos más diferenciadores para que la audiencia entienda el valor añadido frente a los productos que hay hoy disponibles en el mercado.

- **Audiencia:**
  - Geografía: España.
  - Sexo: Indiferente.
  - Edad: 13-17 años.
- **Inversión:** 20 000 euros.
- **Fecha:** Abril.

1. Primer paso: análisis cualitativo (*on brand*)

Ahora que tenemos claro lo que queremos, el primer punto es el *on brand:* la búsqueda de *influencers* y su análisis cualitativo.

Cuando tienes 80 000 talentos y la parte diaria de tema y objetivo definidos, hay que chequear que los *influencers* hacen el contenido y que tienen los valores que te representan y que estás buscando para este *briefing.* Por eso se empieza con la parte más cualitativa: sus contenidos y formatos, textos, *look & feel*, forma de comunicar con su audiencia, etc.

Después de analizar el *briefing* y ponerlo en contexto con este primer paso, la conclusión que extraigo antes de empezar con los filtros *on brand* se centra en que es un tema sensible ya que en la adolescencia las espinillas y los granos en la cara quitan mucha autoestima y confianza a los jóvenes que están forjando su personalidad y comenzando a sentir atracción por compañeros a los que quieren gustar. Incluso pueden generar rechazo y burlas de los demás adolescentes, lo que provoca que los chicos con espinillas no quieran salir de casa por vergüenza. Resulta un tema muy personal y de gran sensibilidad que ha creado y crea un impacto negativo en muchos jóvenes. Al mismo tiempo, en el *briefing* uno de los objetivos claros radica en poder explicar las ventajas del producto, cómo acaba con las espinillas y, por tanto, cómo termina con los problemas de los jóvenes que las tienen. En el *storytelling* podrá existir algo más explicativo. Has de tener presente que, obviamente, este tipo de análisis cambia de acuerdo con cada campaña y *briefing,* pero resulta superimportante que se haga una reflexión y se entienda qué variables están sobre la mesa.

Ahora que lo tenemos claro y hemos interiorizado algunos factores más cualitativos del *briefing,* empezamos con las dos primeras variables del análisis *on brand:*

- **Relevancia** *(Relevance)* **del** *influencer* **en el tema o sector:**
  - ¿El *influencer* ha comunicado alguna vez sobre este tema, producto o sector?
  - ¿Con mucha periodicidad?
  - ¿Con profundidad?
- **Reacción** *(Resonance)* **de la audiencia cuando el** *influencer* **comunica temas similares:**
  - ¿Cómo reacciona la audiencia cuando el talento habla de estos temas?
  - ¿Su reacción es positiva o negativa?
  - ¿Su interacción con el contenido es menor o mayor en comparación con otros temas que comunica?

Relevancia del *influencer* en el tema o sector

Si es un talento que tuvo problemas de granos y lo pasó mal porque se le llenó la cara y estropeaba su imagen, lo comentó con su audiencia y le hizo llegar su preocupación y su complejo, su relevancia será muy alta; en cambio, si nunca ha tenido problemas de piel ni se ha quejado de una sola espinilla o de un granito, su relevancia resultará baja. En este *briefing,* más que haber hablado de espinillas, es fundamental trabajar con talentos que tengan mucha cercanía con su audiencia; tanta como para que sea normal que compartan temas personales sensibles con ella. Por ejemplo, que hayan hablado de cuestiones delicadas (como haber sufrido *bullying* en la escuela, desengaños, peleas, problemas de salud mental u otros temas difíciles de comunicar) y que estén abiertos a expresar sus sentimientos, angustias y complejos y a compartir los remedios.

La relevancia en esta campaña se centra en que tiene que existir algo sentimental en la comunicación y en que la comunidad del *influencer* ha de estar acostumbrada a esa apertura.

Por ejemplo, para prescribir esa crema para acabar con el acné no podemos contratar a un adolescente que siempre ha tenido la piel perfecta por muy simpático, carismático y sincero que sea. Sería un sinsentido. La audiencia vería claro que se trata de un anuncio no «humanizado» y lo rechazaría. Asimismo, tampoco podría recomendar un modelo de coche concreto un *influencer* sin carné de conducir. Tenemos que ser inteligentes y seleccionar a un talento familiarizado con ese tema, que pueda utilizar con frecuencia un producto similar o que haya hablado de esa cuestión y manifestado su interés; de esta manera, su recomendación será creíble y tendrá valor. Por otro lado, si ese *influencer* ya comunica productos para la piel o ha comunicado alguna vez tu marca sin que le hayas pagado por hacerlo, es porque él es un *brand lover,* y eso es un plus que deberías considerar.

Asimismo, debes comprobar que los contenidos tienen calidad, que se expresan de acuerdo con la filosofía e imagen de tu marca. Por ejemplo, si se trata de una marca de botas roqueras, la manera de expresarse del talento será más callejera, sin protocolos, probablemente con colores rojos y negros, más fuerte y con expresiones roqueras; pero si es una marca de bolsos y zapatos de cóctel, la forma de expresarse y las imágenes tendrán que ser correctas y elegantes, el texto deberá contar con un elevado nivel literario, los colores serán suaves, se transmitirá elegancia, la música (si la hay) resultará suave y agradable y será instrumental, etc.

Todo este raciocinio es el primer paso de una buena elección. Debes tener como embajador a alguien que comunique tu producto y que tenga ¡relevancia!

Y quedan otros puntos que hay que considerar dentro de la relevancia:

Si el objetivo de la campaña fuera la conversión y no *awareness,* cambiaría muchísimo el modo de elegir a los talentos en el punto de relevancia, ya que jóvenes de 13-17 años no tienen poder de compra y, por eso, no generarían conversión. La relevancia sobre el tema continuará siendo superimportante, pero el *target* tendría que cambiar a los 35-54 años (que tienen hijos entre los 13 y los 17 años). A lo mejor un dermatólogo o alguien conectado a la salud que ha tratado cientos o miles de casos de acné sería relevante para esta campaña.

Reacción de la audiencia en este tema

¿Cómo interactúa la audiencia con el *influencer* hablando de ese tema? No basta con mirar la ER media del *influencer;* hay que estudiar la ER de los contenidos cuando el talento escribe sobre una cuestión específica (en este caso, el cuidado de la piel). Es fundamental ver cómo la audiencia interactúa con el *influencer* cada vez que habla de ese tema. Y es curioso pero, pese a ser tan importante y determinante, esto no lo hace casi nadie.

Fíjate: si tiene más que su media, es buenísimo. Si cuenta con menos que su media, significa que a su audiencia no le gusta tanto ese tipo de contenido/tema frente a otros que publica, por lo que ese *influencer* puede ser menos interesante porque su audiencia no le hará mucho caso. Esto es muy importante porque la consistencia de la ER varía mucho. Dependiendo del contenido, la ER es una u otra: no es lo mismo poner una publicación con un niño o un gato que con un árbol. La ER es muy inconstante a lo largo de los contenidos, y las marcas que dicen que evalúan a talentos de acuerdo con su ER media pueden ser susceptibles de tener una expectativa frente a la realidad que con frecuencia es muy distinta.

Por ejemplo, imagina a una *influencer* de dieciséis años que se llama @SoyLola que tiene una ER únicamente del 2.3 % en sus contenidos, lo que significa que por cada 100 seguidores, 2.3 le ponen «me gusta» o comentan su contenido. Pero si nos centramos en evaluar la influencia de @SoyLola en tratamientos antiacné, además de ver su media global, tenemos que estudiar su ER cuando habla de cremas, tónicos, pastillas y limpiadores para acabar con el acné y su ER cuando trata temas personales y sensibles. Imagina que @SoyLola ha tenido problemas de granitos en la cara, lo ha pasado muy mal y le ha afectado a la autoestima. En las publicaciones en las que habla de cuestiones personales, @SoyLola tiene un 12 % de ER. ¡WOW! Esto significa que a su audiencia le encanta que ella sea cercana y transparente (la vida no es perfecta, pero todo el mundo vende que sí en su Instagram, así que alguien sincero se suele agradecer) y que comente cuestiones personales que ha superado porque a lo mejor su audiencia está pasando por momentos similares justo en este momento. Así, @SoyLola es una muy buena *influencer* para comunicar sobre un tema sensible como el acné.

Ahora imagínate justo el caso contrario: contamos con otra *influencer,* @adolescenteenebullición que tiene una media de un 2.4 % de ER (igual que @SoyLola) y que al postear un vídeo recomendando una crema para la piel su ER baja al 1.2 % (la mitad de su media). Esto significa que este tipo de contenidos no tienen resonancia en su audiencia, que la sigue por otros temas que no tienen nada que ver con salud o belleza. Podrá ser una mala inversión elegir a esta *influencer* como embajadora de la marca.

Y hay otros dos filtros que puedes aplicar en la componente *on brand* para ayudarte con una selección más afinada:

1. **Saturación publicitaria.** Hay que garantizar que de cada diez contenidos publicados el *influencer* tiene menos de tres pagados, es decir, que su poder de prescripción no está agotado por muchas marcas. Puede que tenga mucho *engagement* general pero que no sea rentable porque publica demasiado contenido pagado y la gente está saturada de su excesiva publicidad, se aburre y ya no quiere saber de él. Sabe que se vende con cualquier marca, por lo que resulta esencial que tenga capacidad de prescripción.

2. **Trabajo con la competencia.** En caso de que el *influencer* trabajara con la competencia, hay que saber cuánto tiempo lo hizo y cuándo dejó de hacerlo. Si ha estado promoviendo a la competencia hasta hace un mes, es muy raro que cambie de repente. En un caso así, por favor, no hagas una acción puntual, sino una estrategia a largo plazo porque necesitarás varios impactos hasta que se torne la percepción de la audiencia y se cree el cambio a la nueva marca. Al mismo tiempo, trabajar con la competencia puede ser bueno, ya que en sectores como los de moda o belleza es normal que el *influencer* utilice distintas marcas. Usar solo una sería raro. Ahí podrás enfocarte en temas concretos dentro de estos sectores y pedir exclusividad para eso, como en vaqueros, zapatos de lujo, cremas para la cara, etc.

En la siguiente tabla empezamos a subir a los talentos que estamos analizando y los puntuamos en cada uno de los indicadores *on brand*. Por ejemplo, se ve claro que el B sería una mala inversión porque no tiene relevancia para el tema y a su audiencia le da igual cuando habla sobre esa cuestión y que el C tiene una saturación publicitaria muy elevada. Los demás los mantenemos para el siguiente paso: análisis *on goal*.

Tabla 4.2. Evaluación cualitativa de cada *influencer*

	Influencer	Relevancia Temas: acné, granos	Reacción Tasa de compromiso de los temas	Tasa de interacción media	Saturación publicitaria	Competencia @últimos 6 meses
A	Soy Lola	Sí	12.00 %	2.40 %	15.00 %	No
B	Adolescente Ebullición	No	1.20 %	2.40 %	15.00 %	No
C	*Influencer* C	Sí	2.50 %	2.50%	13.00 %	Sí
D	*Influencer* D	Sí	3.40 %	3.10 %	9.00 %	No
E	*Influencer* E	Sí	8.90 %	5.30 %	2.00 %	No
F	*Influencer* F	Sí	9.00 %	1.80 %	11.00 %	No
G	*Influencer* G	Sí	4.10 %	2.40 %	10.00 %	No

2. Segundo paso: selección cuantitativa (*on goal*)

Ya tenemos una primera selección de *influencers*. Vamos a imaginar que de los 80 000 de los que partíamos, con el primer embudo *on brand* nos hemos quedado con cien increíbles para ti (en la tabla de arriba no voy a enseñar 100, sino ocho, que es suficiente). Pero siguen siendo muchos; hay que ajustar la selección, ser más precisos, hasta llegar a quedarnos con los tres que te van a resultar más rentables. Es ahora cuando se debe aplicar el siguiente filtro que conforma esta fórmula mágica: *on goal*. Hasta ahora hemos hecho una selección cualitativa; ahora vamos a hacerla cuantitativa. Aquí hay que tener en cuenta varias cosas:

- **Presupuesto disponible *(Budget):***
  - ¿Es suficiente para contratar a un *megainfluencer*?
  - ¿Es suficiente para un contrato como embajador o es para una acción puntual?
  - ¿Puedes contratar a más de cinco *influencers*?
- **Crecimiento de los seguidores *(Follower's growth):***
  - ¿Sus seguidores están dejando de seguirlo?
- **Credibilidad de los seguidores *(Followers credibility):***
  - ¿Qué porcentaje de su audiencia realmente te interesa y es un potencial comprador de tu producto?

- **Demográficos de la audiencia** *(Demographics):*
  - ¿Cuál es el porcentaje de la audiencia ubicada en España?
  - ¿Cuál es el porcentaje de la audiencia masculina o femenina?
  - ¿Cuál es el porcentaje de la audiencia ubicada que tiene 13-17 años?
- **Accesibilidad de la audiencia** *(Audience reachability):*
  - ¿Sus seguidores siguen a mucha gente?
- **Desglose de las audiencias** *(Audience overlap):*
  - Ya sabes que individualmente los *influencers* seleccionados son perfectos, pero ¿en colectivo te ayudan a alcanzar tu objetivo?

Presupuesto

Este es un punto importante porque, dependiendo del presupuesto (*budget*) que tengas, podrás contratar a un *influencer* de un millón de seguidores o no.

Imagínate que tienes un presupuesto muy pequeño; en ese caso no podrás mirar a *influencers* mega ni macro porque una sola publicación ya es más cara y, como hemos visto, aunque pudieras pagar una acción, una sola podría no ser suficiente. En cambio, si tienes mucho presupuesto, puedes hacer una campaña agresiva que impacte en mucha más gente.

Para esta campaña nuestro objetivo es *awareness,* por lo que queremos trabajar con tres talentos. Tenemos un presupuesto de 20 000 euros. Conclusiones:

- Si queremos *awareness*, trabajar con *microinfluencers* no tiene mucho sentido.
- Los *megainfluencers* cuentan con mucha audiencia extranjera, así que mejor buscar talentos entre los *influencers* de *average reach* y los *macroinfluencers*.
- Tenemos 20 000 euros, que por tres talentos da 8300 euros por talento. No es un presupuesto gigante y, como se trata de una estrategia puntual con distintos ángulos de comunicación (que va a obligar a tener varios contenidos por *influencer),* lo más ajustado es trabajar con talentos medios (100 000-500 000 seguidores).

Crecimiento de los seguidores
(*follower's growth*)

Este punto es relevante para relaciones a largo plazo (con un mínimo seis meses) en las que el *influencer* realizará numerosas acciones a lo largo del tiempo. Así, si su crecimiento mensual es del 3 % y tú contratas una colaboración como embajador de la marca por un año, sabes que en un año habrá crecido mucho y que, por tanto, sus acciones contarán con mucho más impacto del que tienen ahora. Vamos a verlo con más detalle: si un *influencer* cuenta con 200 000 seguidores y crece un 3 % al mes todos los meses, significa que al final de seis meses tendrá 239 000 seguidores y al final de un año contará con 286 000 seguidores. Habrá tenido un crecimiento del 43 % en un año. Por ese motivo tiene sentido contabilizar este indicador para relaciones a largo plazo. Si la relación es solo de un mes, el crecimiento resultaría del 3 % y pasaría a tener 203 000 seguidores, con lo que poco o nada cambiaría en tus resultados.

En este ejercicio solo vamos a contratar de forma puntual, así que el crecimiento te da igual porque no te afectará en nada, de manera que no vamos a incluir este indicador en la fórmula.

Gráfico 4.1. Gráfico de crecimiento de seguidores

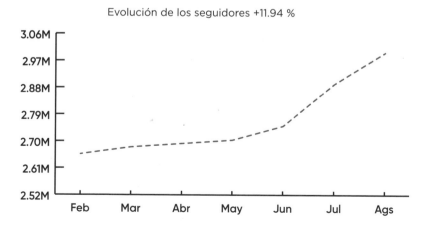

Evolución de los seguidores +11.94 %

Credibilidad de los seguidores (*followers credibility*)

Antes de analizar la demografía de la audiencia, primero hay que saber cuántos consumidores siguen al *influencer*. Se trata de algo mucho más importante que saber si tiene seguidores falsos; es una categorización de seguidores en cuatro grupos:

1. **Seguidores falsos o inactivos:** son todos los generados con *bots* y pueden o no ser de países remotos. Nunca generan ninguna interacción ni consumirán nada porque ni siquiera existen como personas. Son cuentas falsas compradas por algunos usuarios para inflar su cuenta y aparentar mayor influencia. O son personas totalmente inactivas que a lo mejor no son falsos seguidores pero ya no entran o no interactúan con los contenidos hace meses o años.
2. **Seguidores que son consumidores:** son los seguidores que buscan consejos y opiniones, que siguen al *influencer* porque confían en él y en su criterio a la hora de prescribir. Son realmente quienes nos interesan.
3. **Seguidores que son *influencers*:** son amigos *influencers* con los que se siguen por corresponderse, pero a nosotros, como marca anunciante, nos aportan muy poco porque difícilmente serán consumidores de ella.
4. **Seguidores que son marcas.** Tampoco nos interesan como *target*. Están ahí en las RR. SS. siguiendo a los *influencers* y hay que contarlas como tales, pero poco más.

En la siguiente tabla te comparto un ejemplo de un talento con 100 000 seguidores y de cómo se distribuyen las audiencias en los cuatro tipos:

Tabla 4.3. Ejemplo de distribución de audiencias por tipo de seguidores de un talento con 100 000 seguidores

Tipos de seguidores	%	Total
Falsos	1.98 %	1980
Marcas	1.84 %	1840
Influencers	60.39 %	60 390
Consumidores	35.79 %	35 790

Gráfico 4.2. Desglose por tipo de seguidores de @Influencer en Instagram

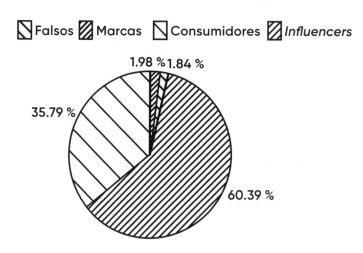

Este *influencer* de 100 000 seguidores tiene un porcentaje de seguidores *influencers* del 60 % (muy excesivo). No es normal un porcentaje tan elevado. A lo mejor los talentos que le siguen están dentro del *target* que buscas, pero un porcentaje tan elevado significa que este *influencer* ha utilizado una estrategia *follow4follow* y que su crecimiento no ha sido natural. No quieres trabajar con él.

Una estrategia *follow4follow* es aquella en la que un *influencer* recurre a foros y chats que tienen miles de *influencers* que se siguen mutuamente para aumentar el número de seguidores. Les da igual seguir a alguien que les gusta o no; lo que importa es que, si yo te sigo a ti, tú me sigues a mí, y con eso crecemos los dos. Más abajo descubriremos cómo identificar este tipo de fraude de forma supersencilla.

Para este indicador lo que resulta realmente importante es saber cuántos de los seguidores del *influencer* que estamos analizando son consumidores reales y si podemos ser atractivos para ellos. Estamos midiendo la credibilidad de la audiencia, y la fórmula de *audiencia credibility* es el porcentaje de audiencia que es consumidora.

Tabla 4.4. Porcentaje de consumidores mínimo distribuido por tipo de *influencer*

Tipologia	Seguidores	% Credibilidad de la audiencia (mínima aceptable)
Micro	10k–100k	> 80 %
Medio	100k–500k	> 78 %
Macro	+500k – 1M	> 75 %
Mega	+1M	> 70 %

Datos demográficos de la audiencia (*demographics*)

Incluyen: edad, localización geográfica y sexo. Algunos de los indicadores que te enseño pueden ser más difíciles de sacar o incluso de analizar, pero no este, y es lo más importante. Hay que buscar las métricas más afinadas a tu audiencia y garantizar que el *influencer* al que contratarás tiene una audiencia que cumple tres aspectos básicos:

1. **Está en el rango de edad de tu** *target.* De nada te sirve un *influencer* con mucho *engagement* y seguidores 100 % reales si vendes una crema para acabar con el acné juvenil y su audiencia es de cuarenta años.
2. **Es del sexo más adecuado.** Tampoco te es útil un *influencer* con una audiencia 100 % real que interactúa mucho con cada publicación si vendes pastillas para el dolor menstrual y su audiencia está compuesta sobre todo por hombres.
3. **Se encuentra en la zona del mundo donde comercializas el producto o servicio.** Si se cumplen todos los requisitos anteriores pero tu crema para acné solo se comercializa en las farmacias de España y la mayoría de la audiencia es de Los Ángeles porque el *influencer* es un adolescente que vive allí, ese talento no te sirve (aunque será perfecto para alguien que comercialice una crema para acabar con el acné en Los Ángeles).

Gráfico 4.3. Datos de audiencia principales de un *influencer*

Credibilidad de la audiencia 86.16 % alta

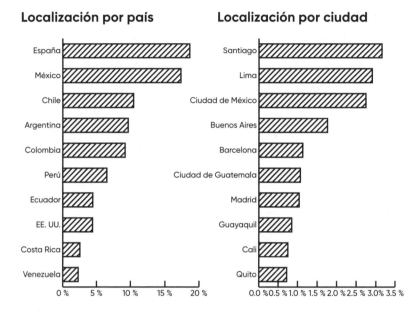

Localización por país

Localización por ciudad

Sexo

Media de edad

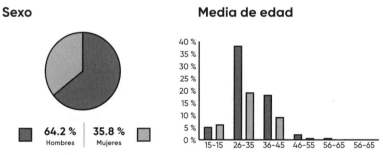

64.2 %
Hombres

35.8 %
Mujeres

Alcance de la audiencia

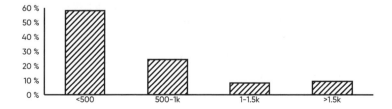

Debes tener presente que, cuando miramos a *megainfluencers,* lo normal es que, aunque la mayoría sean españoles, exista un porcentaje considerable de seguidores de otros países, especialmente de Latinoamérica. En la siguiente tabla te muestro el porcentaje mínimo de ubicación de los seguidores de España que deberías considerar organizada por tipología de *influencer:*

Tabla 4.5. Porcentaje mínimo de seguidores ubicados en España, distribuido por tipo de *influencer*

Tipo	Seguidores	Ubicación de los seguidores en España
Micro	10k-100k	+ 90 %
Mid	100k-500k	+ 85 %
Macro	500k-1M	+ 75 %
Mega	+1M	+ 50 %

Accesibilidad de la audiencia (*audience reachability*)

Es el primer paso de la proyección de resultados por *influencer.*

Para entender mejor este indicador, te pongo un poco en contexto sobre el tema de la visibilidad de cada contenido en Instagram. Si te has dado cuenta, esta plataforma no te enseña todas las publicaciones o las *stories* nuevas de todos aquellos a los que sigues, sino que te hace una selección de aquellos a los que tú ves con más frecuencia. Así, si un *influencer* tiene seguidores que a su vez siguen un número muy elevado de cuentas, no llegan a enterarse de todas las publicaciones nuevas, lo que directamente se traduce en que, si tú contratas a ese *influencer,* puede que una parte importante de su audiencia no tenga acceso a la publicación que estás pagando.

¿Por qué el factor *audience reachability* es importante?

Es normal que analices a los seguidores del *influencer* (demografía, punto anterior), pero ¿alguna vez has analizado el número de cuentas que siguen los seguidores de un *influencer*?

Puede que te estés preguntando si realmente esto te puede ayudar y, si es así, en qué. Te respondo ya, directo: sí, te puede y te va a ayudar. De hecho, te ayudará mucho a entender la probabilidad que hay de que se vea el contenido que va a compartir el *influencer*. Si todos los seguidores de un *influencer* siguen otras 10 000 cuentas, la probabilidad de que tu contenido se vea en el *feed* de esas cuentas es muy muy baja. Y al revés: si los seguidores de un talento siguen solo 10 cuentas, la probabilidad de que esas cuentas vean tu contenido es muy muy alta. A este indicador lo llamamos *audience reachability*, es decir, la probabilidad que existe de que la audiencia de un *influencer* vea tu contenido. Se desglosa en cuatro tipos de seguidores:

1. Seguidores de un *influencer* que siguen menos de 500 cuentas (alta probabilidad de ver tu contenido).
2. Seguidores de un *influencer* que siguen 500-1000 cuentas (probabilidad media de ver tu contenido).
3. Seguidores de un *influencer* que siguen 1000-1500 cuentas (probabilidad baja de ver tu contenido).
4. Seguidores de un *influencer* que siguen más de 1500 cuentas (probabilidad muy baja de ver tu contenido).

El gráfico siguiente enseña una curva perfecta de un talento que tiene a un 43 % de su audiencia que sigue menos de 500 cuentas y a un 37 % de audiencia que sigue 500-1000 cuentas. Estimo que hay una probabilidad muy alta, como mínimo del 50 %, de que los seguidores de este talento visualicen su contenido.

Al mismo tiempo, este indicador es excelente para identificar que hay fraude ya que es costumbre que:

- Un seguidor falso siga a mucha gente (última columna ≥ 1500 cuentas que sigue).
- Los *influencers* que estén en los foros de *follow4follow* para ganar seguidores (donde *influencers* se siguen unos a otros para ganar seguidores) tengan un alto porcentaje en la última columna.

En el gráfico siguiente puedes ver que, del total de seguidores (pongamos que le siguen 100 000 usuarios) del *influencer* número 1, un 43 % (por tanto, 43 000 seguidores) sigue a menos de

500 personas, lo que indica que tiene más posibilidades de que vean nuestro contenido, ya que su *feed* no está tan saturado y le saltarán las *stories* y las publicaciones de aquellos a los que siguen.

Gráfico 4.4. Ejemplo de un *influencer* con una excelente distribución de *audience reachability*

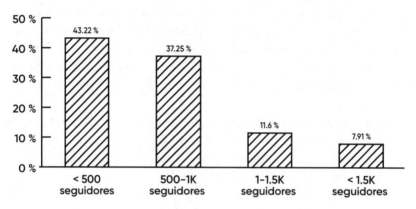

En el caso del siguiente gráfico, vemos justamente el caso contrario: este *influencer* número 2 tiene un 48 % de *followers* que siguen más de 1500 cuentas, por lo que tenemos menos posibilidades de que nuestro contenido sea visto por ellos:

Gráfico 4.5. Ejemplo de un *influencer* con una mala distribución de *audience reachability*

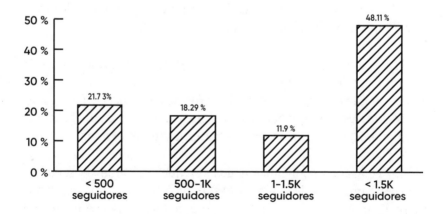

En resumen, este indicador clave de actuación ayuda a las empresas a trabajar con *influencers* que:

- En comparación con otros *influencers* del mismo tamaño, llegan a mucha más gente (rendimiento).
- Son 100 % auténticos y no junto con *bots* o en foros *follow4follow* (fraude).
- Tienen una audiencia más comprometida con el contenido de los *influencers* (relevancia).

De nada nos sirve tener un gran *influencer* con dos millones de seguidores y un gran contenido si dicho contenido no llega a su audiencia porque la gran mayoría de los seguidores del talento sigue a más de 1500 personas. Por ese motivo, para nuestro ejercicio vamos a considerar que solo nos interesan los *influencers* con más del 50 % de sus seguidores siguiendo menos de 1000 cuentas (o sea, tendremos que sumar el porcentaje de las primeras dos columnas).

Antes de llegar al último punto del análisis *on goal,* vamos a observar qué tal sigue la tabla:

Tabla 4.6. Evaluación cuantitativa de cada *influencer*

Influencers	Seguidores	Credibilidad seguidores	Audiencia España	Edad audiencia: 13-17	Alcance de la audiencia % < 1000 seguidores
Soy Lola	100 000	92.00 %	88.00 %	15.00 %	74 %
Influencer C	200 000	84.00 %	91.20 %	30.00 %	72 %
Influencer D	300 000	78.00 %	79.10 %	9.00 %	81 %
Influencer E	400 000	90.00 %	85.30 %	2.00 %	52 %
Influencer F	500 000	76.00 %	76.00 %	11.00 %	55 %
Influencer G	1 000 000	61.00 %	54.00 %	5.00 %	51 %

A dos *influencers* ya los hemos borrado del análisis anterior *on brand.* Del análisis *on goal* queda claro que el G lo tenemos que quitar también de la tabla, pues no solo cuenta con muchos seguidores y no tenemos presupuesto para él, sino que, además, su porcentaje de consumidores dentro de sus seguidores y la audiencia que tiene joven son muy muy bajos.

Desglose de las audiencias (*audience overlap*)

Es el último paso. ¿Qué significa esto? Analizar los talentos no de forma individual, sino de forma colectiva. ¿Recuerdas lo que hemos visto de armar la cartera de *influencers* como si se tratara de un equipo de fútbol? Pues ha llegado el momento de que lo pongamos en práctica. Una vez visto todo, si el *influencer* ha pasado todos los filtros, necesitamos asegurarnos de que no va a haber duplicidad de seguidores entre los *influencers,* de que no se van a pisar la audiencia y, por tanto, de que no tiraremos gran parte de nuestra inversión. Para eso necesitas ver el desglose de audiencias *(audience overlap)* y así garantizar que tu objetivo se cumplirá con estos talentos, que vas a alcanzar al número de personas que te has propuesto y que no estás pagando a tres *influencers* para que lleguen a los mismos consumidores. Todo dependerá de tu objetivo. En cualquier caso, lo esencial es que hagas el análisis de *audience overlap* y quedará claro si con los *influencers* que has elegido llegarás a tus objetivos o no.

Para nuestro ejercicio hemos hecho un análisis de *overlap*. Puedes ver los resultados en la siguiente tabla (ya sin el *influencer G*):

Tabla 4.7. Análisis de un estudio de *audience overlap*

Global	Resultados
Total seguidores	1 500 000
Seguidores únicos	1 358 000
% Seguidores únicos	90.58 %
Frecuencia esperada (seguidores únicos)	1.10

Del análisis de *overlap* tenemos 1 500 000 seguidores totales, de los que 1 358 000 son seguidores únicos (alcance potencial), lo que representa una contribución total del 90.58 % (buenísima). Vamos a descubrir ahora la contribución individual de cada talento:

Tabla 4.8. Seguidores exclusivos de cada *influencer*

Influencers	Seguidores	% Exclusivos
Soy Lola	100 000	99.00 %
Influencer C	200 000	98.00 %
Influencer D	300 000	56.00 %
Influencer E	400 000	91.00 %
Influencer F	500 000	87.00 %

El *influencer D* tiene 300 000 seguidores, de los que el 56 % no sigue a ningún talento más de esta *pool* y el 44 % sigue por lo menos a un *influencer* más. Es decir, que por cada 100 euros invertidos en el *influencer D*, 44 se malgastan ya que no nos ayudan a llegar a nuevos consumidores.

Con todo ello, la tabla final (antes de pasar al próximo y último análisis) es:

Tabla 4.9. Tabla final con los cuatro *influencers* elegidos

Influencers	Seguidores	Credibilidad seguidores	Audiencia España	Edad audiencia: 13-17	Alcance de la audiencia % < 1000 seguidores
Soy Lola	100 000	92.00 %	88.00 %	15.00 %	74 %
Influencer D	200 000	84.00 %	91.20 %	30.00 %	72 %
Influencer E	400 000	90.00 %	85.30 %	2.00 %	52 %
Influencer F	500 000	76.00 %	76.00 %	11.00 %	55 %

3. Tercer paso: análisis económico (*on budget*)

¡Hemos llegado a los *top* cuatro talentos!

¡Son perfectos para tu campaña! Perfectos. La parte cualitativa está fetén, ya que estos *influencers* son relevantes en el tema que quieres cubrir y su audiencia resuena con él también porque su ER aumenta cuando los talentos hablan de estas cuestiones en comparación con su ER media. Las audiencias que leen su contenido son perfectas ya que tu *target* hace *match* con el *target* de los *influencers*. ¡Y ya has elegido equipos! Ya tienes el desplazamiento de las audiencias hechas para que puedas escoger el mejor equipo para incrementar tu alcance de la campaña o su frecuencia. ¿Qué falta ahora? Saber cuáles son los talentos más rentables. Y respecto a la rentabilidad la primera variable es el coste. Es el momento de pedir propuestas a tus *influencers* de acuerdo con tu estrategia de contenidos. Para hacerlo más sencillo, vamos a ejemplificar que estamos pidiendo propuestas de cinco IG *Stories* y un IG Carrusel. ¿Ya las recibiste? ¡Perfecto!

Las cinco IG *Stories* son para enganchar a la audiencia sobre el tema del acné y cómo ha influido en su adolescencia. Tendrán que ser historias personales y deberá haber algo que el *influencer* pueda compartir en ellas con su audiencia. Sirven también para comunicar que el talento está probando un nuevo producto para el acné y lo posteará más tarde contando cómo ha evolucionado este problema de piel después de aplicar la crema.

El IG Carrusel mostrará con las fotos la evolución que ha sufrido la piel al ir aplicando la crema. El texto explicará cómo aplicarla y los beneficios que tiene frente a las demás cremas que hay en el mercado que prometen iguales resultados.

Ahora que ya tenemos claro qué va a publicar cada uno y hemos recibido todas las propuestas, vamos a aplicar los siguientes filtros/fórmulas:

- **Ratio de alcance** *(Reach rate)*:
  ○ ¿Estos contenidos y formatos tienen buena *performance* frente al comparativo del mercado?
  Este indicador se refiere a la media de alcance respecto a los seguidores. Si tienes 500 000 y tu *reach* medio es de 200 000 personas, cuentas con (200/500) 40 % de *reach rate* (que está muy bien).

Reach rate = Media de alcance por formato /
Seguidores × 100 %

- **Alcance medio** *(Average reach):*
  - De media, ¿a cuántas personas llega un IG Carrusel? ¿Y las *stories*?
    Este indicador se refiere al alcance medio de sus últimos treinta contenidos o sus últimos treinta días en los formatos que estás proponiendo. Ejemplo: 200 000 personas impactadas de media por cada IG Carrusel.
- **Coste por mil impactos (CPM):**
  - Al ponerlos todos en comparación sobre la misma base y compararlos, ¿cuál tiene el coste efectivo más caro y cuál cuenta con el coste efectivo más bajo?

Ahora que tenemos los *reach rates* y los *average reach*, podemos hacer una proyección de resultados y, con eso, calcular los costes efectivos de cada talento (CPM = coste por 1000 impactos).

CPM = (Propuesta (€) × 1000) / Total de impresiones

En las tablas siguientes puedes encontrar los costes y la proyección de resultados de cada talento:

Tabla 4.10. Tabla con la propuesta económica de cada *influencer*

Influencers	Seguidores	Propuesta
Soy Lola	100 000	4 000.00€
Influencer D	200 000	4 000.00€
Influencer E	400 000	8 000.00€
Influencer F	500 000	12 000.00€

- **Proyecciones**

No es posible hacer una buena estrategia de marketing de *influencers* sin que tengas clara la expectativa de lo que quieres alcanzar.

Para eso utilizamos el *reach rate,* que nos permite entender la *performance* de cada talento y calcular el *averge reach* y los impactos totales *(impressions)* por talento.

Tabla 4.11. Evaluación económica de cada *influencer*

Influencers	Seguidores	Formatos	Tasa alcance	Ud.	Alcance medio	Impresiones medias	Total impactos
Soy Lola	100 000	IG Carrussel	55 %	1	55 000	62 000	129 500
		IG Story	12 %	5	12 000	13 500	
Influencer D	200 000	IG Carrussel	23 %	1	46 000	49 000	124 000
		IG Story	7 %	5	14 000	15 000	
Influencer E	400 000	IG Carrussel	38 %	1	152 000	161 000	401 000
		IG Story	11 %	5	44 000	48 000	
Influencer F	500 000	IG Carrussel	33 %	1	165 000	169 000	434 000
		IG Story	10 %	5	50 000	53 000	

- **Costes efectivos**

Este es el momento en el que más escucho la pregunta «¿Manuel, 9000 euros es barato o caro?». La única forma de evaluar a los talentos y entender si 9000 euros es barato y 2900 euros es caro no es evaluar sus costes, sino analizar sus costes efectivos. Para eso calculamos el coste por 1000 impactos (CPM):

Tabla 4.12. Evaluación del coste efectivo

Influencers	Seguidores	Propuesta	Total impactos	CPM
Soy Lola	100 000	3000€	129 500	23.16€
Influencer D	200 000	2900€	124 000	23.38€
Influencer E	400 000	8000€	401 000	19.95€
Influencer F	500 000	9000€	434 000	20.73€

El *influencer D* es el más barato. Cuesta 2900 euros, pero en este análisis él es el que tiene el precio más caro ya que su coste para 1000 impactos es de 23.38 euros, 22 cts. más que el *influencer @* SoyLola. El *influencer* más barato es el *influencer E,* con un CPM de 19.95 euros.

Otro punto muy importante que tenemos que analizar con detalle es la comparación entre seguidores y resultados: @SoyLola y el *influencer D* van a publicar los mismos contenidos, pero @SoyLola tiene 100 000 seguidores menos que el *influencer D* y un CPM mayor; no obstante, @SoyLola va a llegar a más gente que el *influencer D*. Por esa razón, el último *influencer* que hay que quitar es el *influencer D*.

NUNCA SE DEBEN ANALIZAR SEGUIDORES NI COSTES EN EL MOMENTO EN EL QUE SE COMPARAN *INFLUENCERS*

La expectativa de resultados que tenemos para este ejercicio es:

Tabla 4.13. Propuesta final con proyección de resultados

Total de contenidos	Inversión	Total alcance	Total impactos	CPM
18	20 000€	372 000	964 500	20.73€

Es normal que estos indicadores puedan cambiar de acuerdo con el tema y/o con el objetivo. Lo más importante que espero que consideres de aquí en adelante es que debes tener una fórmula de tu lado que pueda generarte valor. Analizar solo el número de seguidores o la ER es de los mayores errores que he visto hasta ahora, pero lo sigue haciendo mucha gente porque es lo más sencillo.

En el capítulo siguiente te compartiré *tips* y *benchmarks* (pruebas de rendimiento o comparativas) del sector para que puedas no solo elegir a los mejores talentos, sino también tener referentes del mercado español que te ayuden a entender lo que es muy muy bueno... y lo que resulta muy muy muy malo.

5
CÓMO AUMENTAR EL RETORNO DE LA INVERSIÓN EN MARKETING DE *INFLUENCERS*

Llevo muchos años trabajando en marketing de *influencers* y estoy cansado de ver cómo en reuniones con clientes, artículos de prensa e incluso los propios expertos hacen afirmaciones que no son ciertas y que llevan a una mala estrategia de marketing. Por este motivo, en

Primetag, con nuestro *software,* realizamos un estudio junto con la agencia H2H para analizar a 80 000 *influencers* de España y 112 millones de publicaciones entre *reels,* Instagram tv, *stories,* posfoto y posvídeo, y hemos obtenido los seis puntos que, si los dominas, te ayudarán a saber el ROI de los *influencers.*

Mi propósito es que tu campaña de *influencer* sea un éxito; que cada euro que inviertas en talentos obtenga la mayor rentabilidad ya que la inversión en el sector está creciendo mucho todos los años en España.

Gráfico 5.1. Inversión en España en marketing de *influencers* hasta 2022

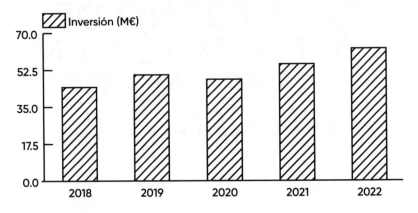

A continuación te explico los seis puntos que recomiendo:

1. Si buscas alcance, no trabajes con *microinfluencers*

Es importante que tengas claro quiénes son *microinfluencers* porque en ocasiones se amplía el abanico. Como hemos visto, cuando agencias y expertos del sector hablamos de *microinfluencers* nos referimos a los que cuentan con una comunidad de 10 000-100 000 seguidores en sus RR. SS. Generalmente están especializados en temas muy concretos, cuestiones nicho que les proporcionan un valor añadido por la credibilidad que se supone que aportan con cada uno de sus comentarios.

En numerosas ocasiones tanto la prensa como los profesionales del sector los han encumbrado afirmando que su efectividad resulta mayor que la de otros segmentos de *influencers*. En nuestro estudio quisimos estudiar si esta hipótesis es real o se trata de una elucubración. Para ello analizamos diferentes variables con una alta correlación con la efectividad, como el alcance y el coste. Es fundamental tener en cuenta que, para saber quiénes son los *influencers* más rentables, tenemos que analizar los costes efectivos de cada uno.

PARA SABER QUIÉNES SON LOS *INFLUENCERS* MÁS RENTABLES, TENEMOS QUE ANALIZAR LOS COSTES EFECTIVOS DE CADA TALENTO

Aunque muchas publicaciones *online* y especialistas en el sector piensan que invertir en muchos *microinfluencers* es la mejor apuesta para conseguir llegar de forma efectiva en tu nicho de mercado, se trata de una estrategia que te puede salir muy cara. Hemos analizado entre enero y diciembre de 2021 todas las campañas que han pasado por Primetag en Instagram en el mercado español donde se han utilizado micro-, medio-, macro- y *megainfluencers* y las conclusiones son evidentes. Hemos estudiado el CPM y lo hemos comparado entre los micro-, medio-, macro- y *megainfluencers*. En este esquema vemos el CPM por dimensión del talento:

Gráfico 5.2. CPM de marketing de *influencers* en España

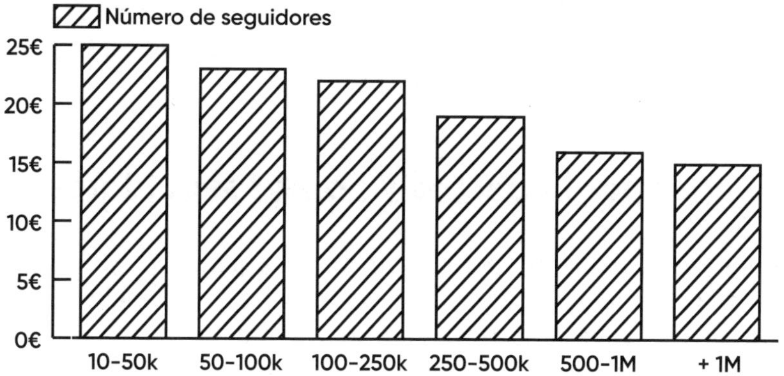

Vemos que sale mucho más barato (exactamente 10 euros/ 1000 impactos) un *influencer* que cuenta con más de un millón de seguidores que uno que tiene 10 000-50 000. Hay una diferencia entre analizar los costes absolutos y los efectivos. Es natural que un talento con 50 000 seguidores resulte más económico ya que su coste absoluto puede ser 50 veces inferior al de un *megainfluencer*. Todavía su coste efectivo es un 66.67 % más alto de media que el de un *megainfluencer*. Además, debes trabajar con 20-30 *microinfluencers* con 50 000 seguidores para conseguir el mismo resultado de alcance que con un *megainfluencer* (con más de un millón de seguidores). El coste laboral de contratación, gestión, aprobación del contenido y *reporting* de 20-30 *microinfluencers* es absolutamente superior al correspondiente a un solo *megainfluencer*.

¿Qué valor te puede aportar un *microinfluencer* para que sea rentable para tu P & L?

A corto plazo uno de los puntos donde los *microinfluencers* pueden aportar muchísimo valor es en la creación de contenido para tu marca. El coste de creatividad es muy alto ya que las agencias de publicidad cobran un *fee* creativo y de producción que en nada tiene comparación con un contenido de un talento. La contratación de varios *microinfluencers* para la creación de contenido para tu marca o la cocreación de contenido te saldrán superrentables y el contenido mucho menos publicitario. Además, puedes comprar derechos a las publicaciones donde tu marca se etiquetó y tuvo una excelente ER. A esto se le llama *social proof* (prueba social), la compra de un contenido para *paid media* donde una pequeña muestra de tu público objetivo ya interactuó con ese contenido y tuvo un excelente resultado.

En resumen, queda desmontada de manera estadística la idea de que los *microinfluencers* son los perfiles más rentables. Son los más económicos, pero no los más rentables.

2. Pagar por impactos y no por seguidores

¿Valoras a un *influencer* por su número de seguidores? No lo hagas más; es un error. Si la valoración de los medios tradicionales se hace a través de su cobertura en un anuncio, ¿por qué en marketing de *influencers* la valoración de una colaboración con un talento se realiza mediante sus seguidores, de los que de media más del 65 % no verán el contenido de tu marca?

¿VALORAS A UN *INFLUENCER* POR SU NÚMERO DE SEGUIDORES? NO LO HAGAS MÁS; ES UN ERROR

Todavía hoy un número muy elevado de marcas establecen el caché que pagarán a sus *influencers* atendiendo a su número de seguidores. Lo llamativo es que este error también lo cometen muchas agencias. Al aplicar este criterio de valoración, con mucha frecuencia se pagan importes similares a todos los que tienen el mismo número de seguidores independientemente de su alcance. Imagina un escenario en el que una compañía va a contratar a dos *influencers* con una comunidad de un millón de seguidores. Si únicamente valora el volumen de sus comunidades, pagará dos facturas idénticas en importe a los dos talentos cuando el retorno de cada uno de los dos puede ser muy diferente. ¿Por qué? Porque el alcance de cada uno puede ser muy muy muy distinto aunque ambos cuenten con un número de seguidores similar.

Fíjate en este caso que medimos: nos encontramos con una campaña en la que el *influencer* número 1, que tenía un millón de seguidores, contaba con un *reach rate* del 12.3 % (12 cuentas alcanzados por cada 100 seguidores), luego con ese porcentaje solo impactaría a 123 000 personas únicas de su audiencia en una publicación. Por su parte, el *influencer* número 2, con aproximadamente el mismo número de seguidores y un *reach rate* del 52 %, impactaría a 520 000 personas únicas. Como ves, los resultados de un talento respecto a otro presentan una gran variación, exageradamente llamativa, diría. Hablamos de cuatro veces más alcance. Así, lo lógico sería que siempre se analice el alcance de cada *influencer* y, siendo así, que se les pague un caché proporcional a esa *performance*. Más abajo veremos con detalle datos y gráficos que te permitirán conocer el *average reach* en publicaciones fijas, *stories* y *reels* por tramos de *influencers* según estos sean mega, macro, mid o micro.

LA CLAVE RESIDE EN CONOCER EL RATIO DE ALCANCE DE LOS *INFLUENCERS* EN CADA PLATAFORMA Y FORMATO

Esto viene dictado por el algoritmo y cambia mucho entre *influencers*. Por eso lo fundamental es que seas consciente de que necesitas conocer las métricas más relevantes para alcanzar el objetivo de tu estrategia, que será lo que determinará tu éxito o no.

¿Por qué unos *influencers* tienen más alcance que otros?

Muchos factores pueden ayudar a que un *influencer* tenga más alcance que otros con un número de seguidores similar, como su actividad, el tipo de contenido o que su audiencia sea más activa en la Red, pero hay un punto clave para que un talento cuente con un buen *reach rate:* tener una audiencia que sigue a poca gente. Un *influencer* con una buena audiencia normalmente alcanza altos porcentajes de *audience reachability* en los seguidores que siguen menos de 1000 cuentas (primeras dos columnas) y mucho menos porcentaje respecto a los seguidores que siguen más de 1000 cuentas (las últimas dos columnas del gráfico de *audience reachability*). Así, la probabilidad de que se vea el contenido que compartirá el *influencer* es mucho más alta y por eso su alcance resultará mucho más elevado que el de otros talentos con el mismo número de seguidores.

En nuestro estudio[1] analizamos el comportamiento que tuvo la cobertura en cada formato y tipo de *influencer* para poder entender qué debería ocurrir con las remuneraciones que perciben los *influencers*.

¿DEBERÍAN SUBIR O BAJAR LAS REMUNERACIONES DE LOS *INFLUENCERS* EN 2023?

Observa estos gráficos que te he preparado con datos obtenidos a través de Primetag. Con el primero vemos el alcance de la publicación fija por número de seguidores. El formato publicación tuvo en 2021 un *average reach* del 32.45 %, lo que significa que, de media, solo 3 de cada 10 seguidores llegaron a ver la publicación del *influencer*. Los otros 7 no fueron impactados.

Si nos fijamos con detalle en el índice que indica el porcentaje exacto según el número de seguidores, vemos que los perfiles llegan a tener un alcance superior a la media:

- Los *influencers* medios (100 000-250 000 seguidores) son los que más *reach rate* tienen; llegan a un 37.28 % de esos seguidores.
- Los medios (250 000-500 000 seguidores) superan la media por muy poco; se quedan en un 33.99 %.
- Los *macroinfluencers* (500 000-1 000 000 seguidores) se quedan un poco por debajo de la media.
- Los *megainfluencers* (más de un millón de seguidores) se quedan en un 32.80 %.
- Los *microinfluencers* (10 000-50 000) se quedan dos puntos por debajo de la media y se consideran, por media, los que tienen peor *performance*.

De todos los talentos que hay en España (cerca de 80 000), únicamente el 34.05 % consigue un alcance por encima de la media, lo que se traduce en que 7 de cada 10 no llegan a la cobertura media que se puede esperar de una publicación. Por eso es crucial medir este dato en el proceso de selección de los perfiles que pondrán rostro a la marca, saber exactamente el alcance, porque, según el que sea, el *influencer* resultará muy rentable o muy poco.

Que el alcance de un *influencer* esté muy por debajo de la media tiene un efecto muy perjudicial en el retorno de la campaña que lo está contratando.

Gráfico 5.3. Alcance del *post* por número de seguidores

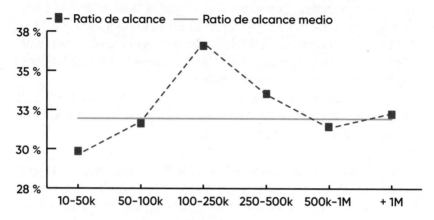

En el siguiente gráfico del alcance de las *stories* por número de seguidores vemos que ha caído un 47 % en tan solo un año, lo que llama mucho la atención. Funcionaban muy bien, pero Instagram ha quitado el alcance orgánico. ¿Por qué? Porque puede y porque, como hemos comentado en el capítulo 4, la competencia de los *influencers* se centra en las RR. SS.

Ahora hay una oferta mayor y más dinámica, lo que ha llevado a que el formato *story* haya sufrido esta fuerte bajada en términos de alcance en 2021 hasta situarse casi en la mitad del que tenía en 2020: ha pasado del 16.01 % en 2020 al 8.43 % en 2021.

Solo 1 de cada 10 seguidores ven las *stories*. En mi opinión, este estrepitoso descenso se debe principalmente a un incremento del número diario de *stories* publicitarias. Los anunciantes han aumentado su inversión en este formato e Instagram está perdiendo dinero con eso. Me cuesta acordarme de una campaña que no tenga *stories* en su planificación de contenidos o donde los *influencers* se las hayan regalado. Creo que nunca he visto una campaña en Instagram sin *stories*.

Es fundamental tener claros los perfiles que tienen mayor alcance actualmente:

- Macro (500 000-1 000 000, 10.69 %).
- Medio (100 000-250 000, 10.48 %).
- Mega (más de un millón, 10.12 %).

Gráfico 5.4. Alcance de las *stories* por número de seguidores

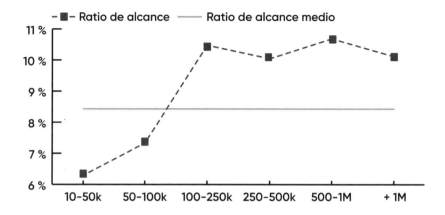

Si nos fijamos, el 42.37 % de los *influencers* españoles (33 800) se sitúan por encima de la media nacional y, dentro de ellos, solo hay un 34.09 % de *microinfluencers,* mientras que los *macroinfluencers* son los que tienen el porcentaje superior de perfiles por encima de la media, con un 48.01 %, 14 puntos porcentuales por encima del rango más bajo, el de los *micromicroinfluencers.*

Ahora vamos a ver el alcance de los *reels* según el número de seguidores. Es el más exitoso y se ha convertido en tendencia desde que Instagram lo introdujo en agosto de 2020 para competir con TikTok. En 2021 resultó el de mayor alcance, con una media del 35.58 %, lo que significa que, de media, en España, cuando un *influencer* comparte un *reel,* lo visualizan 4 de cada 10 seguidores.

El 44.77 % de los talentos españoles consiguen un alcance en sus *reels* por encima de la media. Y es que este formato con vídeos de segundos con músicas inspiradoras, voces sugerentes o escenas divertidas engancha. Funciona muy bien en todos los *influencers,* si bien, como vemos en el gráfico, hay algunas variaciones:

CUANDO UN *INFLUENCER* COMPARTE UN *REEL,* LO VISUALIZAN 4 DE CADA 10 SEGUIDORES DE MEDIA EN ESPAÑA

- Medio (100 000-250 000), 45.58 %.
- Mega (más de un millón), 41.90 %.
- Macro (más de 500 000-1 000 000), 39.51 %.
- Micro (10 000-50 000), con 32.03 % son los únicos que no tienen un *average reach* por debajo de la media.

Gráfico 5.5. Alcance de los *reels* por número de seguidores

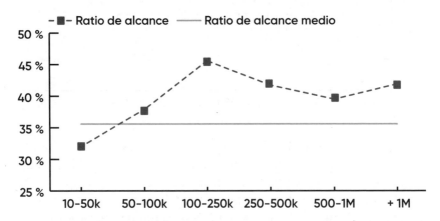

Principalmente los *reels* tienen más alcance orgánico en comparación con publicaciones fijas o *stories* porque se trata de un formato similar al de los contenidos de TikTok. Así, Instagram intenta motivar a los *influencers* para que creen más *reels* frente a otros formatos y consigan de esta manera más alcance, evitando así que un poco más tarde cuelguen ese contenido en TikTok.

Instagram ya ha comentado varias veces en sus comunicados de prensa que hay un interés inédito de las audiencias por el consumo de contenidos *short video*. ¿Será verdad o es una forma distinta de decir que ya ha perdido la guerra en los *long video* contra YouTube y ahora está perdiendo la lucha en los *short video* contra TikTok? Me parece que se ha olvidado de que las publicaciones fijas (fotos y carrusel) son las que hicieron de Instagram una red social potente. En mi experiencia, cuando te enfocas demasiado en la competencia, pierdes tu esencia y, más tarde, tu negocio. A ver lo que pasa con Instagram y Facebook en los próximos años. Una cosa es segura: ya no tienen el monopolio de las RR. SS.

3. Hacer del marketing de *influencers* un deporte de equipo

Cuando contratas a varios *influencers, ¿*cómo los eliges?, ¿los valoras de uno en uno teniendo en cuenta su *engagement* y *performance* o a todos en conjunto? Con mucha frecuencia las marcas contratan a varios talentos que encajan valorando sus perfiles de forma individual; además, el modo en el que estas agencias construyen sus carteras de representación de *influencers* contribuye más a ello. Por lo general, en todas suele haber un talento principal y varios similares partiendo de los seguidores del *influencer* principal. El resultado es que coinciden muchos seguidores en todos los perfiles de la misma agencia, por lo que, si contratas a esos talentos, puede que pagues dos veces por alcanzar la misma audiencia. Como hemos visto anteriormente, es lo que se conoce en el sector como *audience overlap* o *followers overlap,* es decir, el solapamiento de seguidores porque se valora individualmente a cada *influencer,* pero no se evalúan en conjunto, lo que te ayudaría a conseguir tu objetivo.

Trabajar con varios *influencers* no conduce necesariamente a un mayor alcance (mínimo *overlap* entre *influencers*) y tampoco lleva forzosamente a una mayor frecuencia (máximo *overlap* entre *influencers*).

Hay que valorarlos a todos y construir la cartera perfecta de talentos que te ayude a llegar a tu objetivo.

Por eso la clave en saber qué quieres, alcance o frecuencia:

- **Si buscas alcance.** Necesitas a talentos con el mínimo de seguidores en común entre ellos, por lo que tienes que ver la contribución individual de cada uno para generar alcance, es decir, escoger a los *influencers* que prácticamente no tienen seguidores en común con los demás. Pero antes de hacer un análisis de *overlap* es importante garantizar que las audiencias de los talentos son efectivamente del país que estás buscando ya que, si tienes uno sin apenas *overlap* con los demás, puede que sea muy bueno y una buena apuesta pero también que toda su audiencia esté en otro país y por eso no tenga *overlap*. Por este motivo, el análisis de *overlap* que hemos hecho en el ejercicio del capítulo anterior ha sido después de garantizar que todos los *influencers* que valoramos tenían una audiencia española muy buena.
- **Si buscas frecuencia.** Precisas que una persona vea tu contenido varias veces en diferentes sitios, es decir, desde distintos talentos. Llegarás a mucha menos gente que en el supuesto anterior, pero muchas veces a cada consumidor al que llegues. Crearás varios impactos repetidos. Así, deberás escoger a *influencers* que tengan el mayor número de seguidores en común para, de esa manera, impactar en las mismas personas muchas veces a través de varios talentos en los que confían.

Los mejores talentos para generar frecuencia son *influencers* amigos o parejas que suelen postear cosas juntos y se envían flujo de seguidores, quienes, muy fieles a uno, comienzan a seguir al otro por simpatía. Trabajar solo con una agencia de representación podrá ayudarte si buscas frecuencia, ya que la agencia suele tener en cartera a varios talentos amigos o parejas que, lógicamente, comparten muchos seguidores.

Afortunadamente, la tecnología nos permite medir el número de seguidores exacto que comparten dos, tres, cuatro o doscientos *influencers* y saber si nos interesa contratar a ese conjunto de talentos o a cuáles elegir para «desperdiciar» lo mínimo posible. Esto justamente fue lo que hicimos con la cartera de una de las agencias de representación líderes en España: la valoramos con nuestro *software* (en este momento es el único que lo hace) y el resultado fue el que ves en el siguiente gráfico:

Gráfico 5.6. Estudio de *audience overlap* 1 vs 1

	Inf 1	Inf 2	Inf 3	Inf 4	Inf 5	Inf 6	Inf 7	Inf 8	Inf 9	Inf 10	Inf 11
Inf 1		20 %	17 %	16 %	11 %	9 %	5 %	9 %	4 %	5 %	2 %
Inf 2	85 %		44 %	40 %	39 %	26 %	11 %	23 %	10 %	18 %	6 %
Inf 3	80 %	48 %		36 %	38 %	45 %	9 %	23 %	9 %	18 %	5 %
Inf 4	88 %	51 %	43 %		34 %	31 %	10 %	23 %	9 %	18 %	5 %
Inf 5	83 %	66 %	59 %	44 %		39 %	9 %	27 %	9 %	24 %	7 %
Inf 6	66 %	45 %	70 %	41 %	40 %		8 %	22 %	8 %	18 %	6 %
Inf 7	41 %	19 %	15 %	13 %	9 %	8 %		10 %	17 %	3 %	1 %
Inf 8	77 %	48 %	47 %	36 %	33 %	26 %	11 %		8 %	15 %	7 %
Inf 9	46 %	25 %	18 %	16 %	13 %	11 %	24 %	10 %		5 %	2 %
Inf 10	80 %	68 %	55 %	54 %	54 %	41 %	7 %	28 %	8 %		9 %
Inf 11	43 %	24 %	22 %	16 %	17 %	15 %	3 %	13 %	4 %	10 %	

Todos los perfiles tenían (tienen) una alta duplicidad de seguidores respecto al *influencer* principal de la agencia; en algunos casos incluso se superaba el 80 % de seguidores en común. Esto se traduce en que estamos impactando a las mismas personas a través de diferentes perfiles, lo que significa que, si invirtiéramos en esa cartera, aunque cada uno de los talentos es muy efectivo de forma independiente, al contratarlos en conjunto tiraríamos gran parte del dinero (en torno al 80 % del coste de cada uno de los demás *influencers* que acompañan al principal). Por eso este examen es fundamental.

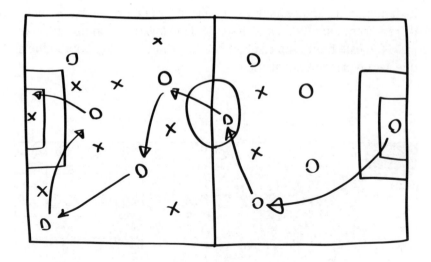

Hay que construir la cartera de *influencers* con la que haremos nuestra campaña pensando en equipo. Así, al igual que cada futbolista tiene que cubrir un área distinta del campo para entre todos defender la portería y meter goles con los delanteros, cada talento debe aportar un segmento diferente de seguidores para que entre todos los *influencers* contratados para la misma campaña puedan conseguir el objetivo de la marca.

4. Trabajar con talentos con alto poder de prescripción

La saturación publicitaria es el gran enemigo del marketing de *influencers,* pero es que el fuerte aumento de la inversión publicitaria ha conllevado, como es lógico, una mayor inversión en talentos y, por tanto, un mayor número de publicaciones comerciales en sus perfiles. Algunos *influencers* son naturales y consiguen que apenas se note que se trata de una publicidad pagada, pero con frecuencia resulta perceptible y, además, excesivo cuando algunos perfiles superan el umbral de saturación (30 %). Este exceso de contenido publicitario se ha convertido en uno de los principales problemas del sector en la actualidad. Los seguidores dejan de creer en aquellos a los que ven que comercializan en exceso, se cansan de ellos e incluso dejan de seguirlos.

Según el estudio que realicé con el *software* de Primetag, comprobamos que en España el 18.62 % de las publicaciones realizadas por talentos incluyeron contenido publicitario de manera directa o indirecta, disimulada o no. Ahora bien, ese porcentaje variaba según el sector.

Seguro que cada vez que entras en tu Instagram y ves a algún *influencer* te saltan publicaciones en las que recomiendan una crema que hidrata la piel seca, un *serum* con efecto *lifting,* una mascarilla que elimina todas las impurezas o una prenda única por su diseño, tela, textura o color; eso es porque las industrias dedicadas a la imagen personal, como las de belleza (24.49 %), moda (19.90 %) y *retail* (18.79 %), son las que más invierten en publicidad en RR. SS., lo que hace que se encuentren a niveles de saturación publicitaria considerablemente por encima de la media del país. En cambio, otras industrias, como las de automoción (8.99 %), *tech* (10.33 %), alimentación (11.16 %) y turismo (13.5 %), se sitúan en niveles muy por debajo de la media del país en cuanto a saturación publicitaria se refiere.

El único sector cuyo nivel de saturación es justo el de la media de España es el de la venta al detalle o comercio minorista *(retail).*

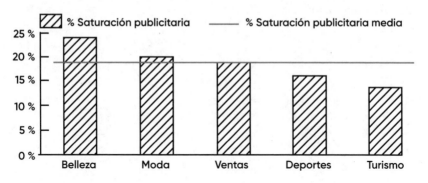

Gráfico 5.7. Saturación publicitaria por sector

En el siguiente gráfico podemos ver la saturación publicitaria media del sector:

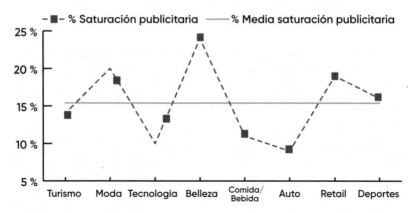

Gráfico 5.8. Saturación publicitaria por sector

Esta saturación hace que dos de cada diez *influencers* ya no influyan.

El umbral de saturación publicitaria está en el 30 %. Si vemos los datos del estudio realizado, en España el 15.39 % de los talentos (12 312) ya superan ese umbral, lo que conlleva una disminución del efecto prescriptor, es decir, las publicaciones de los *influencers* que anuncian en exceso tienen menor influencia y credibilidad.

Vamos a ver esta saturación según el número de seguidores de los *influencers*:

- Los perfiles que tienen comunidades que varían entre 100 000 y 500 000 seguidores *(medioinfluencers)* tienen un nivel de saturación especialmente grave.
- Los talentos con más de un millón de seguidores (considerados perfiles mega) en general cuentan con un menor nivel de saturación publicitaria dado que la mayoría de los que tienen un número tan elevado de seguidores son *celebrities* por sus trabajos como modelos, actores, cantantes o futbolistas. Todos podemos pensar en figuras internacionales como Cristiano Ronaldo, Messi, Neymar, Justin Bieber, Ariana Grande, Selena Gomez, Taylor Swift, Katy Perry o Rihanna, poderosísimos en RR. SS., quienes, aunque tienen acuerdos publicitarios multimillonarios, son menos y mucho más elevados, a la vez que se combinan con su día a día.

En el siguiente gráfico hemos representado a los *influencers* que superan el umbral de saturación publicitaria según el volumen de su comunidad:

Gráfico 5.9. Saturación publicitaria por dimensión de seguidores

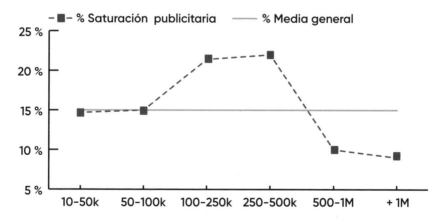

Como indica Luis Díaz, director general de H2H, «las marcas deben ser más estrictas en los procesos de selección de los *influencers* y evitar colaborar con aquellos que inundan sus perfiles de publicidad perdiendo el poder prescriptor y disminuyendo considerablemente el impacto en su comunidad».

5. Estrategias a largo plazo para generar influencia

Es imposible que un *influencer* consiga con una sola publicación o *story* en un año convencer a sus seguidores de que compren el producto o servicio que anuncia. Basta con que pensemos en la velocidad con la que consumimos los contenidos de Instagram: ¿cuánto tiempo dedicamos a ver una publicación o una *story*? Medio segundo. Nuestro dedo pasa corriendo las publicaciones; cada fotografía o vídeo apenas tienen unas décimas de segundo para impactarnos. No crean realmente retención; es casi imposible.

Pero el punto más importante es que con una sola publicación o *story* no hay compromiso entre una marca y un *influencer* y, en cambio, los costes de este se disparan en una publicación o una *story* aisladas frente a una relación a largo plazo. Pensando en términos económicos, contratar al talento un paquete de publicaciones para que haga una campaña que se alargue en el tiempo supone conseguir un descuento.

¿Cuánto descuento puede costarle a una marca un *influencer* si contrata una campaña que se alarga en el tiempo en comparación con una sola publicación o *story*?

Obviamente costará más dinero contratar varias publicaciones al talento, pero lo que estamos mirando con esa compra en volumen es el coste efectivo, el coste unitario por cada publicación. Si una publicación fija cuesta 4000 euros pero decidimos contratar cuatro, con el descuento podría costarnos 14 000 euros (no 16 000), es decir, que cada publicación nos saldría a 3500 euros, lo que significa que nos podríamos ahorrar 500 euros en cada una.

Después de haber analizado los costes de inversión por colaboración a lo largo de los últimos dos años (donde se mezclan marcas que han invertido puntualmente en un *influencer* frente a otras colaboraciones a largo plazo con el mismo talento), hemos conseguido elaborar la comparativa entre los descuentos asociados a trabajar con colaboraciones a largo plazo (un año) frente a corto plazo (una publicación, una *story*):

Gráfico 5.10. Descuento medio de compras a largo plazo por tipo de *influencers*

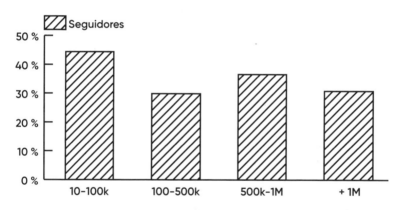

Si te das cuenta, los descuentos son realmente significativos: hablamos de un 30.81 % en los *influencers* de más de un millón de seguidores, un 36 % en los de 500 000-1 000 000, no llega a un 30 % en los que tienen 100 000-500 000 y hasta un 44.4 % en los *microinfluencers,* lo que significa un gran descuento.

6. Centralización de los datos y colaboraciones

El marketing de *influencers* es uno de los pocos medios en los hay una gran transversalidad dentro de una empresa porque Marketing puede trabajar con talentos, Comunicación puede contratarlos, RR. PP.

puede usarlos, Digital puede comprar contenidos para trabajar con *influencers* y el departamento de e-Commerce también puede trabajar con afiliados y estrategias de adquisición para aumentar realmente la afiliación con *influencers*. Así, por primera vez se da una transversalidad de equipos donde existe un medio que puede trabajar con la mayor parte de los equipos de una organización relacionados con medios y marketing. Esto genera un reto importante porque con mucha frecuencia en compañías muy grandes no suele haber comunicación entre los diferentes departamentos, lo que se traduce en duplicidades y contratos por separado en lugar de un contrato global bien negociado para la marca.

¿Quién controla los datos?

Cuando se trabaja con marketing de *influencers* hay que medir los datos. ¿Pero quién lo hace? En este punto estoy cansado de oír a la gente decir: «Yo trabajo con una agencia, la que controla el *software* y gestiona mis datos». Pues no. Eso no se debe hacer nunca. De hecho es lo peor que puedes hacer. La agencia debe tener un *software,* pero quien debe controlar los datos es la empresa y no la agencia. ¿Por qué? Hay varias razones, todas de mucho peso:

1. **Para evitar la posible pérdida de los datos.** Es la menos importante, pero no por ello deja de ser muy importante. Si tu compañía trabaja con una agencia y mañana dejas de trabajar con ella porque no cubre tus expectativas o prefieres probar con otra, si es la agencia quien gestiona tus datos, dejarás de tener acceso al histórico. Tienes que saber que es muy normal y frecuente que las marcas cambien de agencia, luego es muy probable que tú lo hagas, así que ten tú los datos, gestiona siempre tú tus propios datos.
2. **Para evitar no tener nada centralizado.** El problema es que hay que estar pendiente de los demás para extraer conclusiones, es decir, que cuando haces una campaña y la agencia te ofrece una propuesta, la marca ha de poder contrastar, ser imparcial y decidir la mejor opción. Está bien contar con el consejo de la agencia, pero no se debe confiar absolutamente; simplemente es un criterio que hay que considerar y poner sobre la mesa para evaluar.

3. **Para evitar el *double dipping*.** Las empresas han de tener una estructura interna que permita a cualquier departamento acceder a todas las colaboraciones de la marca. Así, si Marketing está trabajando con un *influencer,* RR. PP. debería saberlo porque, si hay varios departamentos tratando con el mismo *influencer,* pueden trabajar en conjunto para ejercer más fuerza de negociación y comprar más contenidos a un coste unitario más bajo. Por eso es necesario controlar y uniformizar los datos. En Primetag hemos evaluado varias marcas y hemos comprobado que entre el 20 y el 23 % del presupuesto de marketing de *influencers* digital está mal invertido a causa del *double dipping,* es decir: no hay una comunicación interna entre departamentos y se incurre en un coste mayor porque cada uno compró de forma puntual y con ello se pierde fuerza de negociación.

4. **Para tener uniformidad en el proceso de medir los datos del *influencer*.** ¿Te sorprende? Es muy frecuente que un departamento de una compañía tenga un sistema para medir la colaboración y que otro disponga de otra fórmula. No es normal y, además, resulta muy malo, pero resulta muy habitual porque los datos no están centralizados. Que no sea tu caso.

5. **Por la conveniencia de contar con una persona dentro de la organización que sea responsable de los *influencers* (*influencer manager*).** ¿Quién es responsable de forma transversal y por encima de todos los departamentos de ayudar a cada uno en el planteamiento de su estrategia? Estamos ante una nueva profesión: el *influencer manager.*

Queda claro que el sector digital está cambiando el mundo laboral, la forma en la que trabajamos, despertando nuevas necesidades y generando nuevos puestos de trabajo que no son sino una versión adaptada de los antiguos que ya existían antes de la digitalización. El *influencer manager* es una muestra de ello: se trata del antiguo puesto de *PR manager,* que ahora se ha sofisticado y especializado en marketing *de influencers.* Este puesto de trabajo no existía dentro de las compañías en 2015, pero desde 2019 las grandes organizaciones han comenzado a crearlo para cubrir esta necesidad. Si en 2018-2019 casi no había en España *influencer managers,* en 2022 ya contamos con más de 3200 profesionales que están 100 % dedicados al sector.

6
SI ERES UN *INFLUENCER*, TIENES QUE SABER ESTO

Casi todas las semanas recibo correos o mensajes de *influencers* contándome que les han *hackeado* la cuenta y preguntándome qué pueden hacer para recuperarla o qué pueden pedirle a un cliente, cuánto deben cobrar para no quedarse por arriba o por abajo a la hora de dar un presupuesto por una publicación o *story,* o por qué no consiguen aumentar su caché, entre otras muchas dudas, si bien estas son las más frecuentes. Por ello voy a responder a estas cuestiones en este capítulo.

1. Seguridad, la mejor manera de evitar un *hackeo* y de no perder tu negocio

¿Conoces algo sobre *phishing*? Es una estrategia de *hackeo* con la que un *hacker* te roba contraseñas de plataformas que usas *online*. Quien lo hace pretende extorsionar y, generalmente, acaba en una solicitud de dinero si quieres recuperar el control de dicha plataforma. Todo empieza con un correo electrónico o un mensaje de texto que, en apariencia, resulta muy similar a los de la plataforma por la que intenta hacerse pasar donde te informa de que te tienes que identificar con tus datos (sea tu banco, tu Instagram, etc.). Pero cuando haces clic en el enlace que te comparte e introduces la información, realmente estás compartiendo tus datos en una página que ha sido creada por el *hacker* para hacerse con tus contraseñas. En ese momento, ¡*voilà!* Ya has perdido el control de tu plataforma.

Esto ocurre con mucha frecuencia; en Instagram los *hackers* crean una página de ayuda, algo así como *Instagram help support* o *Instagram help center,* y envían un mensaje directo muy alarmante a tu propio Instagram o un correo electrónico a tu cuenta de correo electrónico avisándote de que estás violando derechos de imagen con alguna de tus publicaciones o la normativa de Instagram y te van a cerrar la cuenta. En la imagen que tienes a continuación te he puesto un ejemplo. Si te fijas, está el logo de Instagram y parece absolutamente real:

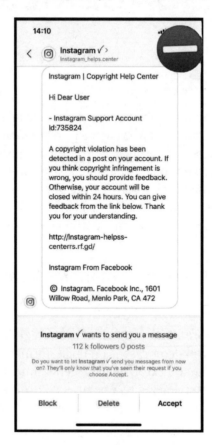

Como única solución te ofrecen la opción de dirigirte a ellos haciendo una solicitud —he aquí lo crucial— en la que dar una explicación antes de las próximas 24 h, para lo que te piden que pinches un *link*. ¿Qué hace casi todo el mundo? Pincharlo. Y al hacerlo te desvía a una página idéntica a la de Instagram en la que te solicitan que introduzcas tu nombre de usuario y tu contraseña para confirmar tu identidad y poder dar tu *feedback*. En ese momento les acabas de dar la llave de tu cuenta. A partir de ese instante, el *hacker* puede entrar en ella, quitarte fotos, ponerte otras, escribir a tus contactos, cambiarte las contraseñas o lo que quiera que se le ocurra; lo primero que suele hacer es cambiar las contraseñas de la cuenta *hackeada* y el idioma. ¿Por qué? Porque Instagram te da 24 h para reclamar que te han cambiado las claves y que no puedes entrar en tu cuenta, pero al cambiar el idioma a chino, árabe o ruso, Instagram te envía un aviso a tu correo electrónico en ese idioma, de manera que lo normal es que pienses que se trata de una broma, un error o una promoción e ignores la notificación. Pasan las 24 h y ya no consigues revertir el cambio de contraseñas.

El próximo paso es que el *hacker* te escribe un mensaje pidiéndote un rescate; de no darle lo que solicita, te avisa de que borrará tu cuenta y ya no habrá nada que puedas hacer. Ahí podrías perder el negocio que tanto te ha costado crear y en el que tanto tiempo de tu vida has invertido.

En la imagen siguiente puedes ver un ejemplo de un correo pidiendo un rescate:

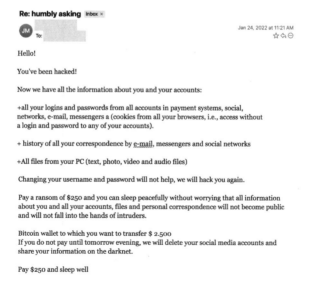

Después de leer esta mala noticia, tengo otra buena para compensar: hay tres cosas que puedes hacer para que no te ocurra esto, para evitar que te *hackeen* la cuenta y pierdas a todos tus seguidores y tus fotos. Apréndetelas y tenlas muy presentes:

1. **No hacer caso a un mensaje de Instagram que entre en tu bandeja de entrada.** Instagram nunca pone mensajes a través de la bandeja de chats destinada a tu relación con el resto de los usuarios. ¿Cómo se comunica Instagram contigo si quiere hacerlo? Hay una comunicación directa dentro de tu Instagram para comunicarse contigo: ve a «Configuración», pincha ahí y se te desplegarán varias opciones; ve a «Seguridad» y al entrar también verás varias opciones, una de las cuales es «Correos electrónicos de Instagram». Es aquí y solo aquí donde te escribirá Instagram, si es que tiene algo que quiere hacerte saber.

2. **Garantizar que el enlace del dominio que has recibido en tu correo es justamente el del dominio de Instagram.** La manera de garantizarlo es muy sencilla: simplemente tienes que chequear los dos y comparar; tú solo sabrás si es Instagram quien te ha contactado o no. Fíjate en el ejemplo que te pongo a continuación:

help@instagrammhelp-support.com

Provide Feedback

Instagrammhelp-support.com no existe. Lo que sí existe es:

Instagram <security@mail.instagram.com> Anular subscrição

Ahí se puede ver que el correo termina con instagram.com.

3. **Activar la doble autenticación.** Debes tener activa la autenticación en dos pasos para que Instagram se asegure de que realmente eres tú quien está queriendo cambiar la configuración o la clave de la cuenta. Serás tú quien deberá hacer la segunda autenticación con el código que recibas en tu teléfono, de manera que el *hacker,* cuando intente cambiar tu contraseña, necesitará los códigos que recibas en tu teléfono y, por eso, no podrá robarte la cuenta.

Pero imagina que has leído esto demasiado tarde porque ya te han *hackeado* la cuenta. Todavía puedes recuperarla. En 2020, ante el aumento de denuncias de robo de cuentas, Instagram mejoró las posibilidades de recuperar una cuenta cuando no ha sido el usuario quien ha realizado el cambio de la contraseña. Lo único que tendrás que hacer es seguir detalladamente los pasos que te indica el propio Instagram. Pero tienes que ser rápido, ya que, si han pasado días o semanas, ya no conseguirás recuperarla.

¿Qué pasos debes seguir para recuperar tu cuenta?

1. Ve al correo en el que te avisaban de que se habían cambiado el correo o la clave. Presta atención, pues puede estar en otro idioma, como he comentado anteriormente.
2. Pincha en anular el cambio *(secure your account here)*:

3. Instagram te pedirá que te identifiques y des una explicación:

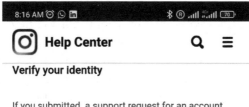

La plataforma enviará ahora este mensaje para verificar la identidad del usuario que denuncia que le han cambiado sus claves y que no tiene manera de acceder a su cuenta. En él, si la cuenta tiene fotos con la cara del usuario, le solicitará que se grabe un vídeo en el que se le vea de frente y de perfil por los dos lados o que mande fotos desde todos los ángulos para comprobar que se trata de él.

La autenticación la realiza un robot, por lo que es muy normal que dé fallo. Si ocurre eso, lo chequean manualmente desde EE. UU. Lo mejor que puedes hacer es enviar las fotos o el vídeo durante la tarde de Europa, que corresponde a la mañana de EE. UU.; así te garantizarás que te lo solucionan en el momento porque será una persona la que validará todo.

Una vez que accedas a tu cuenta, cambia las claves y ya solo te quedará celebrar que tienes de nuevo el poder sobre tu cuenta y no olvidar activar la doble autenticación.

2. ¿Tiene sentido usar un *software*? ¿Cuáles hay para marcas e *influencers*?

Los *softwares* son claves esenciales para el crecimiento del marketing de *influencers* porque ahorran tiempo, agilizan procesos y miden de forma transparente.

Los *softwares* aún no están bien vistos por los *influencers* ya que desconfían y pierden el control sobre la forma en la que la marca evalúa sus contenidos y las campañas que han realizado, pero sin ellos el sector no puede crecer ya que se tornará todo demasiado laboral e imposible de gestionar. No existen 20 o 30 talentos, sino millones, unos más profesionales que otros, y para que las marcas se sientan confortables y sigan aumentando sus inversiones, no hay otra forma de escalar más que con un *software*.

A través de los *softwares* se busca obtener los mejores resultados; es imprescindible recurrir a ellos porque ayudan a profesionalizar y poder escalar los esfuerzos de una persona que trabaja en marketing de *influencers* haciendo de manera rápida, eficiente y contrastada lo que de forma manual sería casi imposible.

Por eso resulta muy importante tener presente que la profesionalización es fundamental para evaluar a talentos con agilidad y eficiencia porque permite agilizar los procesos, acortar tiempos y trabajar con miles de *influencers* al poder acceder a las métricas necesarias para evaluación y reporte. Así, los *softwares*:

- **Aumentan la profesionalización.** Los mercados de publicidad de media tienen que funcionar con datos reales y auditados, no con pantallazos. Por otro lado, trabajar a mano no es profesional. Hay que compararse con cualquier otro medio digital, ya que un talento compite con el presupuesto. Para ello se deben usar *softwares,* que permiten medir las audiencias de modo absolutamente transparente. La forma de trabajar es muy rápida y, además, se manejan datos absolutamente reales que no hay manera de modificar. Los *softwares* son neutrales, independientes de cualquier actor, no tienen intereses en ningún lado y dan los datos en tiempo real.
- **Ahorran tiempo.** Imagina lo que podría suponer hacer una campaña en la que trabajarás con diez *influencers* y deberás valorar y evaluar a doscientos. Sería imposible. Pasarías meses haciendo pantallazos, pidiendo información de los talentos, contrastando datos, etc., y podría llegar el momento de hacer la campaña y no poder llevarla a cabo porque todavía no tendrías todos los datos ni habrías sopesado y comparado los que ya habrías obtenido, que, por otro lado, ya estarían desfasados. ¿Te lo imaginas? Un despropósito. Horas y horas, y... ¡te quedaste sin tiempo! Por eso es bueno utilizar un *software*. Te hace ahorrar mucho tiempo. ¿Cómo puedes valorar manualmente a 80 000 *influencers*?
- **Optimizan recursos en la agencia o la marca y mejoran la relación con un *influencer* y con una agencia de representación.** Un *software* puede escalar en más de ciento cincuenta veces 1 h laboral de un trabajador porque la cantidad de campañas y colaboraciones que un *marketer* puede gestionar con un *software* es muchísimo mayor que si lo hiciera de forma manual. Además, un *software* te ayuda a elegir ya que puedes ser un talento perfecto para una campaña pero, si la persona que la está gestionando no te conoce, no te escogerá, mientras que con un *software* eso de «conocerte o no conocerte» no existe. Tú haces búsquedas basadas en requisitos de la campaña y te salen *influencers* que hagan *match* a esos mismos requisitos.

3. Herramientas para ayudar a los *influencers* en su día a día

No entiendo cómo se pueden crear relaciones sanas y eficientes entre un *influencer,* una agencia de representación, una agencia de marketing y una marca si el cálculo de valor del talento y sus publicaciones se basa en que este haga pantallazos de sus audiencias con su teléfono. La relación tiene que basarse en algo mucho más consistente, seguro y ágil que 50 wasaps por semana pidiendo pantallazos.

Hay agencias de representación que piden los accesos (contraseñas) a los *influencers* para que puedan ser autónomas a la hora de hacer capturas de esa información, pero ahí volvemos al punto 1: ¿quieres ser *hackeado?* No compartas tus contraseñas con nadie. Y no escribo esto porque desconfíe de tu *manager;* seguro que busca tu bien, pero ten presente que, cuantos más puntos de acceso a tus RR. SS. tengas disponibles, más probabilidades hay de que seas *hackeado.* Mantén el control.

Existen muchas herramientas que pueden ayudar a los *influencers* en su día a día. Son infinidad pero, si las miras con detalle y buscas excelencia, que ayuden a mejorar el trabajo del talento y a acrecentar su imagen, hay muy pocas. Voy a presentarte las más interesantes:

- **SocialBlade.** Ayuda a obtener tus datos, conocidos como *influencer analytics.* Te da información estadística sobre tu cuenta en Instagram, YouTube o cualquier otra red social. Es tan sencillo como escribir el nombre del talento y disponer incluso de las estadísticas de su crecimiento con un solo clic. Otra opción interesante que ofrece consiste en que conecta tu cuenta vía *Application Programming Interfaces* (API), una interfaz de programación de aplicaciones que permite que sus productos y servicios se comuniquen con otros, con lo que sacará más información de ti mismo, como *average reach* e impresiones, entre otras métricas privadas.
- **VSCO.** Edita los vídeos o las fotos que quieres subir en tus redes. Te permite crear tus propios filtros y editar tus fotos; tener un *look* más personal y diferenciador a la hora de crear tus contenidos. No es tan sofisticado como Photoshop, pero tiene la ventaja

de resultar menos complicado, de manera que el creador de contenido puede sacarle mucho partido.

- **Buffer.** Ayuda a gestionar las fechas en las que publicar: permite agendar los contenidos. Los subes, los programas y Buffer se encarga de publicarlos cuando tú has planeado. Además, proporciona información a cada usuario sobre los horarios de mayor audiencia en sus publicaciones, de manera que el *influencer* puede programarlas en esos días y horarios y conseguir así mejores resultados.
- **UNUM.** Instagram Layout. Es muy útil para entender qué contenidos subirás y cómo se reflejarán en tu Instagram.

4. Herramientas para que las marcas gestionen y midan sus colaboraciones con *influencers*

Softwares de *marketplace*

Los mercados de *influencers* son lugares de encuentro para que las marcas descubran a los talentos y se creen relaciones beneficiosas para ambos. En ellos empezó el marketing de *influencers* en 2015-2016 al buscar una forma ágil de que una marca lanzara un *briefing* de una campaña y los talentos que estaban registrados pudieran ser candidatos a él. Decían cuánto costaban, mostraban su imagen con contenidos y ejemplos de trabajos y las marcas valoraban quiénes les encajaban y decidían avanzar con los mejores candidatos. Quienes compran son las marcas y quienes venden son los *influencers*. Este tipo de *software* creció mucho en 2015, funcionó muy bien, pero el mercado ha cambiado y ya ha caído en desuso. No se emplea tanto salvo para *microinfluencers,* pues normalmente sus campañas cuentan con muchos talentos y la marca no tiene tiempo para negociar con trescientos o quinientos; supondría además demasiado esfuerzo. Por ello la marca utiliza un *software* a través del que lanza un *briefing* y que los candidatos puedan optar, de manera que se presenten como tales los *influencers* que se ajustan en precio y tienen contenidos acordes.

Aunque estos mercados de *influencers* no son plataformas de medición y de datos, podrán ayudarte un poco con ese papel.

Son ejemplos de *marketplaces:* Brandbassador, Activate, Afluencer, Brybe y Givenchy.

Softwares de búsqueda y evaluación de *influencers*

Si trabajas en el sector, seguro que ya has estado en Instagram buscando *influencers* por ti mismo, has dedicado horas y horas y sigues en ello, o bien buscas con las sugerencias que Instagram te comparte cuando encuentras un perfil que te gusta y la propia plataforma sugiere otros similares por debajo para poder crear una propuesta y presentarla a tu jefe o cliente.

A pesar de invertir horas y horas y horas y más horas en Instagram en esa búsqueda, te aseguro que no es posible que encuentres todos los perfiles adecuados para tu *briefing*. Es absolutamente imposible. ¿Qué puedes hacer? La buena noticia es que lo tienes fácil. Para eso sirven los *softwares* de búsqueda y evaluación de *influencers*. Son bases de datos de *influencers,* que son organizados y catalogados por decenas de indicadores, lo que te ayuda a filtrar tu búsqueda y llegar a los diez o veinte talentos que hacen *match* con lo que estás buscando. Normalmente estas herramientas utilizan datos estadísticos estimados, lo que hay que tener en cuenta.

Son ejemplos de *softwares* que se centran en la búsqueda de *influencers:* HypeAuditor, Heepsy, Influencity y Upfluence.

Softwares enfocados en tu gestión de relación con los clientes (CRM) de *influencers* y en la medición de retorno de la inversión

Tú subes talentos ahí y con esto puedes hacer un seguimiento de lo que te falta y lo que no te falta, de manera que tienes todos los datos centralizados para que tu equipo pueda trabajar de una manera coordinada y más ágil. Además, son *softwares* para marcas más avanzadas que están buscando una medición para cualquier tiempo de colaboración teniendo en cuenta el valor aportado por cada *influencer* y que encuentran al que tiene más significado para la marca. Son herramientas de ROI en marketing de *influencers* para que las marcas entiendan en qué están invirtiendo bien, en qué no y en qué tienen que cambiar. Se trata de herramientas muy completas con las que se puede medir absolutamente todo; tienen un CRM y un *discovery* incluidos.

Son ejemplos de *softwares* que se centran en la medición de ROI: Primetag, Grin, Traackr y Klear.

Softwares enfocados en afiliación

Affiliate Network o herramientas de afiliados son herramientas donde tú, como *influencer,* tienes disponibles muchas marcas con enlaces de sus productos *trackeados*. Imagina que mañana quieres promover unas gafas de una marca pero no tienes relación con ella. Puedes ir a esta base de datos de marcas, sacar el enlace de las gafas y publicarlo promoviéndolas. Tu audiencia que está viendo tu contenido puede comprar las gafas y por cada venta recibirás un porcentaje (comisión).

Son ejemplos de *softwares* de afiliación: LTK, ShopStyle, Rewardful y Amazon Affiliate.

Nota: Algunas de estas herramientas te piden que conectes tus RR. SS. a ellas; los *softwares* en ocasiones son oficiales de la red y otras no. Esto es muy relevante porque puedes estar dando acceso a información de tus contenidos y datos para acciones con las que no estás de acuerdo. Por eso es muy importante que leas con atención el siguiente punto, dedicado a la seguridad y protección de tus datos.

5. Seguridad y privacidad de las cuentas al conectarse a un *software* de marketing de *influencers*

Es muy frecuente oír a los *influencers* y a empresas quejarse del uso de sus datos por parte de las herramientas que utilizan porque en ocasiones hay una intención maliciosa por parte de la compañía que está detrás. Pero pese a ello, aunque ha habido malas experiencias con algunas herramientas, te aseguro que no son todas iguales, no todas son malas. De hecho, resulta curioso (y casi una broma) que miembros de compañías desconfíen de un *software* legal e incluso que no lo usen aun cuando saben que sería bueno para su eficiencia pero al mismo tiempo se están conectando a herramientas no oficiales con las que están poniendo en riesgo sus datos y, por tanto, su seguridad.

Lo importante en este punto es que consideres que hay dos cosas fundamentales que debes asegurarte que tiene la herramienta a la que te quieres conectar:

1. **Ser oficial de las RR. SS.** Es decir, debe estar aprobada por Facebook, Instagram o por la red social que estés usando. Si es así, la herramienta no te pedirá que insertes ningún *login* de tu red social cuando te conectes a ella. Si alguna vez has utilizado alguna de las herramientas anteriores y te han pedido un *login*... ¡Cuidado! Una herramienta oficial nunca te solicitará que hagas un inicio de sesión metiendo tu usuario y tu contraseña porque trabaja vía API.

Podemos ver un ejemplo muy claro de cómo funciona una API cuando realizamos una compra a través de una web. ¿Qué hacemos? Ponemos nuestros datos personales y los de la tarjeta y la web utiliza una API para enviar esa información a otro programa que verifica que la información que hemos proporcionado es correcta sin que tengamos que darle nuestros datos a ese otro programa.

Por ello, mucho cuidado con las herramientas que te piden los datos porque en un gran número de ocasiones los venden a *hackers* que ganan dinero con ello y, después, tu cuenta es *hackeada*.

2. **Permitirte controlar tus datos.** Este paso es fundamental porque resulta esencial garantizar que no se comparte ninguna información que no quieres que sea compartida. Si es oficial y se trata de una buena herramienta, ocurren dos cosas:

   ○ En tu página en la red hay una pestaña en la que ves todas las aplicaciones a las que te has conectado y que te da la opción de controlar desde ahí los permisos que das.

   ○ La propia herramienta te ayuda también a gestionar estos permisos. Aquí tendrías que elegir con qué marcas deseas compartirlos para tener siempre el control de lo que los demás saben de ti y asegurarte de que tus datos no circulan por manos maliciosas que los utilizarán para mercadear con ellos.

6. ¿Cómo aumentar tu influencia?

Te va a sorprender lo que te voy a decir, pero es una gran verdad y lo vas a entender en un momento: ¡tu número de seguidores es lo menos importante de tu negocio!

Conoce quién es tu audiencia

Entender quién es tu audiencia es el punto número 1 para garantizar un negocio sostenible a medio o a largo plazo. Conocerla significa saber qué seguidores tienes, de qué edad, si son hombres o mujeres, dónde están ubicados, cuáles son sus aficiones, por qué te siguen y, por último, la pregunta mágica: qué valor les aportas. Esto es lo primero para generar contenido relevante para ellos y aumentar así tu audiencia e influencia. Imagina que tu audiencia es sobre todo masculina y le das trucos de maquillaje. ¿Qué ocurrirá? Que no le resultarás interesante, pues le estarás hablando de algo que no le es útil; incluso puede que gran parte de esta audiencia masculina te deje de seguir si le insistes con contenidos en absoluto atractivos para ella.

Una manera muy sencilla de conocer a tu audiencia consiste en:

- Hablar con ella.
- Contestar a sus mensajes.
- Hacerle preguntas y proponerle retos.

Con eso puedes crear proximidad y asegurarte de que tu contenido es relevante para tu audiencia.

Descubre qué contenidos atraen más a tu audiencia

Para descubrirlo, una vez conocido su perfil, puedes hacer pruebas con contenidos acordes con todo eso de lo que has hablado. Es muy importante que, además de generar una publicación o una *story,* hables de cuestiones de las que entiendes mucho y que, al mismo tiempo, le gusten a tu audiencia. Para esto tienes que:

- **Escuchar su** *feedback.* Por ejemplo, haz estudios de mercado con pruebas en las que tu audiencia tenga que contestar sí o no. Pero, eso sí, nunca dejes de ser tú mismo: debes actuar con naturalidad, hablar de lo que de verdad, de manera genuina, te interesa, porque eso traerá consigo autenticidad y te sentirás confortable en esos temas.
- **Crecer en el nicho.** Dale a tu audiencia contenido muy específico para que te tenga de referencia, hable de ti y aumente tu prestigio y, con él, tu comunidad.
- **Hacer colaboraciones con otros talentos que te puedan aportar valor.**
- **Crear contenido diferenciador.** Piénsalo. Haz algo que no hagan los demás o, por lo menos, hazlo de una manera diferente, añadiendo algo que le dé un toque, que haga que caigas simpático. Se trata de ser disruptivo, de tener encanto, *charming,* carisma... algo que haga que te quieran seguir y que deseen interactuar contigo sabiendo que eres tú, no otra persona.

7
EL FUTURO DEL MARKETING DE *INFLUENCERS*

1. Antes de empezar nuestro viaje al futuro

Cuando empecé todo el mundo dudaba del futuro de este sector. Hoy aquel futuro cargado de nubes de incertidumbre no puede estar más presente en nuestras vidas. Y sin nubes.

Imaginar que personas anónimas adquirirían relevancia contando sus hábitos fuera con fotografías, vídeos cortos o tutoriales más extensos era ciencia ficción hace relativamente pocos años. Los primeros que hablaron de esto tuvieron que oír alguna que otra carcajada. ¿¡A quién le iba a interesar la vida de personas anónimas!?

No solo consiguieron notoriedad y *likes* fruto de ese éxito, sino que las marcas comenzaron a elegirlos embajadores y a crear productos con su imagen y su nombre para que los seguidores desearan el objeto de su *influencer*.

Esta entonces quimera funcionó porque la gente necesitaba verdad. Cansados de anuncios actuados a golpe de talonario, todos buscábamos comentarios genuinos de personas (celebridades o no) en las que creyéramos; personas con las que nos identificásemos, de las que nos gustasen su aspecto, su estilo, su personalidad, etc.

Y aquí estamos, inmersos en el mundo de las RR. SS. y los talentos capaces de hacer virales marcas y productos. Pero no hemos llegado al fin. El libro del marketing, el de la influencia, no ha terminado en 2022 con las RR. SS. que existen. No. Falta mucho, grandes cambios fruto de la tecnología. Solo tenemos que pensar en los espejos inteligentes que alguna marca ha lanzado: escanean nuestra imagen y podemos colocar cualquier prenda a su vista para vernos con ella como si nos la hubiésemos probado en nuestro cuerpo, de manera que podemos saber exactamente cómo nos quedaría porque nuestro avatar la llevará y se moverá con ella como deseemos. Podemos elegir color, talla, etc.

El horizonte es enorme. Por eso quiero terminar esta obra con una pequeña provocación: la forma en la que consumimos contenido y compramos productos *online* dará un giro de 180º.

LA FORMA EN LA QUE CONSUMIMOS CONTENIDO Y COMPRAMOS PRODUCTOS *ONLINE* DARÁ UN GIRO DE 180°

Dudo que las tiendas *online* vayan a seguir como las conoces hoy, y tampoco creo que vayamos a comprar de la misma forma en la que lo hacemos ahora. Se está asistiendo en el sector a una convergencia de tres pilares muy potentes que, en el momento en el que lideren de forma conjunta, se transformará (aún más) el modo en el que viviremos *online*.

Gráfico 7.1. Proyección de ingresos del s*ocial commerce* hasta 2024

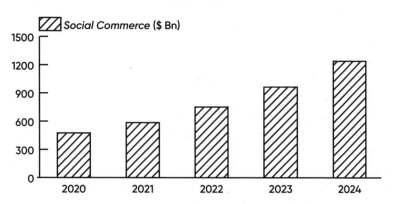

Gráfico 7.2. Evolución del número de usuarios activos por año en redes sociales

El 57 % de la población mundial está activa en una plataforma de medios sociales

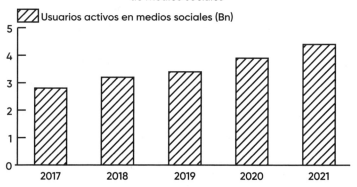

Gráfico 7.3. Evolución de la inversión en el marketing de influencia

46 % de tasa de crecimiento de marketing de *influencers* en dos años
Canal publicitario de mayor crecimiento

Hablamos de un nuevo concepto: el *shoppertainment*.

Antes de empezar con el primer punto del capítulo, te voy a contar una historia que ha pasado en un lugar recóndito de China con un hombre de campo absolutamente anónimo porque me hace mucha gracia y puede resultar muy ilustrativa y aleccionadora.

Yo estoy acostumbrado a ir todos los domingos al mercado a comprar fruta y pescado, como hacía mi abuela hace años, después mi madre y ahora las demás personas que conozco. Nos gusta este ritual de visitar los puestos y ver el producto fresco, que huele a sano, con sus olores y brillos, y hasta con trozos de tierra. Allí encontramos a gente de campo vendiendo sus cultivos que han recogido con esfuerzo o a tenderos que compran las frutas y verduras de temporada a los hortelanos que no tienen puesto y no saben cómo llegar a los clientes sin un puesto en el mercado que muestre sus mercancías.

Ahora pon a volar tu imaginación: viaja a China, a Lijiáng, una ciudad en la parte noroeste de la provincia de Yunnan habitada por varios grupos étnicos. Estás allí, andas por sus calles de adoquines, sales a su extrarradio y llegas a un campo repleto de granadas que se caen y se pudren picoteadas por los pájaros. En el campo que está al lado, justo lindando, hay un hombre llamado de Jin Guowei, un agricultor inquieto que decide dar a conocer su producto en las RR. SS. Sí, has oído bien: anunció sus granadas en sus redes. ¿Y qué ocurrió? ¿Qué apostarías? Lee bien esto: llegó a vender 1.1 millón de euros en granadas en tan solo 20 min.

¿Es broma?, ¿una tontería? Pues no. Es real. Muy real. Guowei existe, sus granadas, también, y su idea de venderlas en las RR. SS., también. Gracias a esa ocurrencia facturó más de 10 millones de euros en 2020 vendiendo fruta *online*.

Algo parecido le ha pasado a Huang Wei, la gran *influencer* china conocida como Viya y llamada por muchos *la Kardashian asiática,* famosa por sus retransmisiones en *streaming*. Contaba con más de 120 millones de seguidores entre todas sus RR. SS. que supo optimizar muy bien. Ella sola consiguió generar 365 millones de dólares en ventas en Alibaba, a lo que hay que añadir otras colaboraciones y acciones repetidas a lo largo de los años, lo que le hizo acumular una fortuna de cerca de 1400 millones de yuanes (186 millones de euros).

Te decía que contaba con más de 120 millones de seguidores porque evadió los impuestos de 2019 y 2020 y, además de ser multada con 210 millones de dólares, le bloquearon sus cuentas.

El caso de Wei debe llevarnos a la reflexión de que el futuro pasa también por garantizar al sector más legislación y profesionalidad.

2. El futuro para los *influencers*: otras formas de monetizar audiencias

No hay futuro más próspero que el de los talentos creadores de contenido porque, lejos de frenarse o decrecer, el sector sigue invirtiendo y elevando las inversiones todos los años. La apuesta por los *influencers* es absoluta porque su retorno es el más efectivo y rentable. Además, ya no solo invierten en ellos los departamentos de marketing; gracias a su efectividad, han variado las inversiones. El marketing de *influencers* ya es transversal porque pueden ayudar a la marca, a la corporación, a productos concretos e incluso a sus CEO, de manera que son muchos los departamentos que pueden obtener rentabilidad de realizar una acción con un talento, si bien cada uno necesitará una diferente a la del resto de departamentos.

Ahora vemos cómo se involucran gran parte de los departamentos de marketing y de digital, que permiten incrementar los presupuestos y garantizar no solo la sostenibilidad del sector, sino también la responsabilidad de los *influencers* sobre sus acciones y contenidos y tener un mayor enfoque sobre el valor agregado que aportan a cada departamento de una marca.

Conviene en este punto atender al que es el mayor reto y, a la vez, la oportunidad de un *influencer:* su independización de las RR. SS. sin perder sus audiencias.

Como hemos visto anteriormente, al contrario de lo que ocurre con los blogueros, quienes también generaron largas comunidades de seguidores, los *influencers* no tienen control sobre su comunidad. Un bloguero tenía el correo, el nombre y la información de su audiencia y no estaba limitado en el alcance que tenía cada contenido; simplemente, cuanto mejor y más interesante fuera el contenido, más gente lo leía. El control era absoluto.

En cambio, como ya hemos comentado, en una red social lo que un talento tiene son simplemente seguidores que pueden o no ver su contenido, y quienes lo deciden son las RR. SS. Mañana puedes tener un negocio como *influencer* y pasado mañana perderlo porque has entrado en la *blacklist* de Instagram y tus contenidos pierden un 50 % de alcance y no sabes ni por qué. Tengo bastantes casos de talentos que me han pedido ayuda en relación con este tema. Todos los años hay una reducción del alcance orgánico de las publicaciones de un *influencer* en Instagram. O sea, que si de media llegas al 30 % de tu comunidad en cada contenido, ese alcance tiende a caer todos los años para que las RR. SS. puedan monetizar y llegues a la audiencia a la que le falta ver el contenido.

Esto por no hablar del caso de Wei, quien pasó de tener un negocio con su imagen basado en una comunidad de 120 millones de seguidores a no tener nada.

Con todo esto sobre la mesa, ¿cuál es el futuro de un *influencer*?

Ya tiene lo más difícil, una audiencia segmentada y de valor y un canal de marketing que funciona porque lo ha probado con varias colaboraciones con marcas. Ahora es el momento de saber diversificar. Los talentos tienen que sacar el mayor rendimiento posible a su comunidad de seguidores, y para ello es imprescindible estudiar cómo pueden obtener ingresos con la misma audiencia, generar suscriptores, hacer una base de datos con ellos y ganar independencia de sus RR. SS. No todos los seguidores de un *influencer* sentirán interés por todo lo que haga; por eso es clave saber analizar la audiencia, segmentarla en objetivos claros y ofrecer productos o servicios de valor adecuados a cada uno de esos subgrupos.

Imagina, por ejemplo, que un talento de *fitness* con seguidores que hacen cada día sus tablas abre un gimnasio y les ofrece a todos una promoción de una semana de prueba gratis. Gracias a ese negocio, monetizará a una parte de sus seguidores con los que decidan suscribirse y hará una buena base de datos con los que se apunten a probar, aunque luego no se inscriban en el gimnasio. Dicha base de datos le podrá servir para nuevos negocios en otro momento. Pero han quedado muchos seguidores que no han aceptado la semana de prueba, sea porque viven en otra ciudad, no pueden permitirse una cuota mensual, les da pereza salir de casa para hacer deporte o sus horarios son muy variados y no saben nunca qué van a hacer al día siguiente. Para esos puede sacar otras líneas de negocio que quizás les encajen, como una suscripción a vídeos muy específicos, una línea de suplementos y una web que elabora dietas a medida para alcanzar los objetivos. Con estos otros tres negocios, ahora sí, el *influencer* profesor de *fitness* estará alcanzando a una gran parte de sus seguidores, rentabilizándolos y obteniendo su contacto directo para siempre, sin depender de la red social en la que nació la relación.

El contenido de marca (*branded content*) cambiará a contenido de rendimiento de marca (*brandformance content*)

Las marcas estaban acostumbradas a trabajar con un modelo de negocio con el *influencer* en el que compraban un contenido generado por él por un valor de X euros; es lo que se conoce como *branded content*. Pero con la COVID-19 y las tiendas físicas cerradas se descubrió que los talentos podían ir mucho más allá y ser extraordinarios canales de adquisición *first click*. ¿Y sabes qué? Lo son. Se han convertido en el primer punto de contacto de marketing con un potencial cliente en un embudo de adquisición de una marca. Los departamentos de marketing y *e-commerce* deben trabajar codo con codo en una estrategia de *branding* y *performance* cambiando el modelo de negocio de un fijo por un servicio, acorde al caché del *influencer,* a un híbrido en el que hay un componente fijo y otro variable como comisión sobre las ventas generadas por la acción realizada.

Ya hay marcas que invierten en ese modelo hace mucho tiempo, principalmente las que han nacido en el mundo digital y lo conciben todo en él; pero, afortunadamente, ese movimiento se está democratizando y se ha acelerado mucho con la COVID-19. Se apuesta por un riesgo dividido en el que es normal que el precio de un *branded content* baje y que, a cambio, se compense esa pérdida de fijo con una comisión sobre las ventas o *leads* generados que puede llegar a superar con mucho el caché fijo tradicional.

Contenido exclusivo: *pay per view*/suscripción

Aún dentro de las RR. SS. los *influencers* pueden crear contenido exclusivo y su audiencia pagar para acceder a él. En el inicio de 2022 Instagram comunicó que iba a lanzar *Subscriptions,* una forma de que el talento pueda crear contenido e independizarse financieramente de las marcas y del contenido publicitario (este tipo de contenido funciona muy bien, pero no para todas las verticales). Comedia, *gaming,* educación, *fitness,* deporte, etc., son algunas de las áreas que funcionarán superbién; en otras será más difícil que se puedan ganar audiencias exclusivas.

Hace muchos años que los grandes medios de comunicación decían que el modelo de negocio de Netflix basado en la suscripción era una locura ya que los consumidores estaban acostumbrados a ver TV en un formato abierto y rechazaban cualquier fórmula de pago, pero Netflix ha demostrado precisamente lo contrario.

LO QUE IMPORTA ES EL CONTENIDO Y SU VALOR; SI ES BUENO, PAGARÁS UNA SUSCRIPCIÓN

Netflix fue uno de los primeros en abrir puertas a este formato de pago por contenido, pero hoy existen ya muchas plataformas *online* que funcionan por suscripción que están teniendo mucho éxito. Patreon es una de las que está ayudando a artistas y creadores de contenido; otra es OnlyFans, especialmente polémica porque está democratizando la pornografía.

Creación de la propia marca

La relación que se crea entre un *influencer* y su audiencia es muy cercana; no como si fueran amigos, pero casi. De hecho, alguien puede sentir más admiración por un talento que por un amigo y hacer más caso a las recomendaciones que lleguen del *influencer* que a las que provienen de un amigo porque el talento tiene una credibilidad reconocida por su comunidad.

Si un *influencer* es realmente genuino y su personalidad muy querida por su audiencia, la creación de su marca constituye un paso natural porque recibirá muy bien cualquier producto que llegue de él. Esta especie de fe en lo que llegue del *influencer* seguido, respetado y querido le permite diversificar sus ingresos, independizarse de la relación con sus marcas y conectarse aún más con su audiencia, pero ahora con su propia marca. Uno de los casos globales más increíbles que conozco es el de Kylie Cosmetics, de Kylie Jenner. Ya te he hablado de él, pero vamos a entrar en más datos que permitan comprobar su gran poder. Para dar perspectiva:

- The Estée Lauder Companies Inc de Tom Ford Beauty, ha conseguido generar ingresos de 500 millones de dólares en diez años.
- Bobbi Brown, parte de Lauder's portfolio, ha logrado generar ingresos de un billón de dólares en 25 años.
- L'Oréal Lancôme ha demorado ochenta años en conseguir generar ingresos de un billón de dólares.
- Kylie Cosmetics ha producido ingresos de 420 millones de dólares en 18 meses.

En España no es distinto, y ya hay muchos talentos españoles siguiendo el mismo camino:

- *Name The Brand* es el nombre de la marca de vestidos y *looks* de fiesta de María Pombo.
- LIA Jeans, de la *influencer* Silvia Zamora, conocida en RR. SS. como *Lady Addict,* son diseños fabricados en algodón realizados en España.
- Amlul, la marca de Gala González, se caracteriza por sus *looks* relajados y fluidos.

Cuando un talento crea su propia marca, refuerza su imagen, afianza seguidores y los monetiza. Pasa de ser «un instrumento para» a «el instrumento en su conjunto», un empresario con su negocio, su modelo/embajador y sus usuarios/clientes que lo admiran y están dispuestos a probar lo que les sugiera. Lo realmente importante para el *influencer* es saber qué le gusta a su audiencia de él, qué busca y qué productos consume; en definitiva, qué le hace a él diferente para su comunidad y, dentro de eso, qué puede ofrecer que vaya a querer consumir. Ahí estará el negocio asegurado.

Diversificación de canales

El cruzamiento de audiencias entre los medios tradicionales y los digitales sigue siendo una estrategia superinteligente por parte de los medios, ya que consiguen atraer a la TV a audiencias jóvenes que no la ven. ¿Cómo lo logran? Invitando a *influencers* y transformándolos en actores y presentadores. Estos *influencers* devenidos en artistas, invitan a sus seguidores a ser espectadores y, por supuesto, gran parte de ellos les siguen. Disfrutan viendo a su talento actuando en una pantalla grande.

Uno de los casos que más me gusta es el de Luis de Val, CEO de YouPlanet, agencia de representación de *youtubers* española que más allá de la distribución está produciendo películas con sus propios talentos y conectando audiencias jóvenes entre el digital y el cine. Uno de sus casos de éxito fue una película que estrenó Ismael Prego (@Wismichu) intitulada de *Vosotros sois mi película* y que fue presentada en distintos festivales de cine por el país.

Inversión en servicios

El negocio de los *influencers* puede ser muy rentable, por lo que tienen que pensar a lo grande. Sin duda, puede resultar una excelente oportunidad para ellos invertir en otros negocios, y para los negocios también supone una gran oportunidad hacerlos partícipes de la empresa. Si son socios, si se sienten dueños, su involucración es mucho mayor. Imagina negocios como restaurantes (*lifestyle* y *food bloggers*), gimnasios *(fitness bloggers)* y hoteles y turismo *(travel bloggers)*, entre otros. El formato que tiene más sentido es invertir en un negocio donde el propio talento pueda promoverlo más tarde y haya relación directa con su contenido.

3. El futuro para las marcas: otros formatos para rentabilizar las audiencias de los *influencers* (*shoppertainment*)

Se ha hablado ya mucho en el inicio de este capítulo sobre la forma como las marcas se están organizando internamente para poder trabajar en un formato transversal con *influencers*. Desde mi punto de vista, representa un gran reto actualmente poner a trabajar de manera organizada y centralizada las colaboraciones con los *influencers* ya que en una compañía grande todos los departamentos, desde el equipo de marketing, comunicación y RR. PP. y el equipo digital hasta el equipo de *e-commerce,* ponen su dedo en los *influencers*. Esto genera varios problemas, como:

- *Double dipping.* Distintas personas de la misma compañía hablan con el mismo *influencer* para acciones de marketing diferentes. Se vuelve supercomplicado para un talento saber con quién hablar y organizarse, pero también es una pérdida de oportunidad de tener una colaboración más cercana y con un coste efectivo más bajo.
- **Evaluar el suceso de una colaboración.** Cada departamento utiliza su formato de evaluación de *influencers* con sus propios criterios, fórmulas y plataforma. Este problema aumenta cuando el detentor de los datos tampoco es la marca, ya que se emplean distintas agencias para las diferentes acciones con talentos. Tener un *framework* de trabajo con *influencers* transversal a los equipos es el paso número 1 para conseguir tener éxito en esta disciplina.
- **No ser detentor de los datos.** Muchas marcas utilizan agencias externas que tienen sus propios procesos y relaciones con los *influencers*. Ser independiente de las agencias y tener una herramienta/plataforma que centraliza toda la información en el

mismo sitio es la mejor forma de garantizar que no haya fraude y, al mismo tiempo, mantener los intereses de la marca por encima de los de las agencias y de su modelo de negocio.

- **Tener una herramienta que centraliza todas las colaboraciones (pagadas, no pagadas y orgánicas).** Disponer de distintas herramientas para diferentes colaboraciones no permite que haya una uniformidad en el formato de evaluación y, como consecuencia, aumentan los costes de *software* sin necesidad. Contar con distintas herramientas hace que haya una descentralización de la información de las colaboraciones, y con esto ocurre lo que he comentado en los dos primeros puntos.

Después de tener la casa organizada, el futuro es prometedor. Hay una bola de cristal para conocer el futuro del marketing de *influencers:* se llama China. ¿Por qué? Por algo tan sencillo y notorio como que está cinco años por delante de Europa y EE .UU. Viendo al gigante asiático, podemos asegurar que el futuro se llama *shoppertainment.*

Gráfico 7.4. *Shoppertainment*: la conexión de las redes sociales, contenidos y *e-commerce* y un único punto

La conexión entre las RR. SS. y los creadores de contenido dio a luz el *influencer marketing.* La convergencia con la compra de producto en el acto de consumo de contenido se llama *shoppertainment,* y se espera que en 2026 ya valga tres trillones de dólares en ventas.

Yo creo que la próxima tienda *online* la conoces hoy. El futuro es la mezcla de las marcas y los *influencers*. Aquellas estarán dentro de los contenidos de estos, que serán la propia tienda *online* de la marca. Es decir, las tiendas se transformarán directamente en «contenidos» que se encontrarán en las RR. SS., y los consumidores, aprovechando que siguen al talento, sus gustos, costumbres y sugerencias, consumirán los productos y servicios que les muestren.

Vamos a asistir a la democratización de la venta *online* en los contenidos, donde las tiendas *online* sirven solo como lugares para hacer seguimiento de pedidos de compra. Con esta tendencia no nos podemos olvidar del *live shopping* —transmisiones en vivo para mostrar productos o servicios de una marca, con *influencers* o *streamers* populares, para generar confianza y aprovechar las audiencias nicho de los mismos— y de la cocreación de contenidos con los *influencers,* donde esa colaboración permitirá un ahorro significativo en agencias de publicidad (y su propia reinvención) y un trato más cercano con las agencias de representación, que tendrán sus propios departamentos de producción de contenido y competirán con más agencias.

El sector cambiará y quien esté más apto para adaptarse de forma ágil ganará. La clave: estar entre los primeros.

4. En las redes sociales: más competencia pero audiencias más segmentadas (*audience segmentation*)

Asistimos en las RR. SS. a lo que desde hace años hemos visto respecto a la TV. Si hacemos memoria, empezamos con un único canal, en blanco y negro, y a lo largo de los años se fue ampliando la concesión de licencias de canales y vimos cómo su número aumentaba hasta encontrarnos con el panorama de hoy, en el que hay una oferta de más de cien canales gratuitos más los de pago. La monopolización de Facebook ya ha pasado; ya ha perdido contra TikTok. Lo que falta por venir es el nacimiento de nuevas RR. SS., segmentadas en sus formatos y audiencias, lo que nos llevará a un mercado saturado como está el de hoy, con masificación de canales de TV, más audiencias, más plataformas y más formatos.

La competencia entre los *influencers* y la TV seguirá, pero ahora las RR. SS. tendrán un papel aún más fundamental. Destaco Twitch (plataforma de *live streaming*) y el excelente trabajo hecho por Ibai y su Agencia Vizz con la compra exclusiva de los derechos de transmisión de la Copa América en su canal de *streaming*/ibai.

La propia forma de captar y subir contenido *online* mudará. Google ha empezado ya hace unos largos años a testar *lives* a través de sus Google Glasses, donde podrás grabar contenido con tus gafas. A finales de 2021 Facebook anunció las Ray-Ban Stories Smart Glasses con doble cámara, que —ahora con un poco más de estilo— llevan incorporadas una cámara con la que puedes subir *stories* directamente desde tus gafas.

5. Para los consumidores: otros formatos de entretenimiento

Un nuevo mundo nos espera. El mundo real fundido con el virtual será el nuevo mundo real. Me cuesta mucho decirlo, pero la vida y lo que vemos hoy mutarán en cuestión de pocos años en una mezcla de vida digital transformada por inteligencia artificial/realidad virtual embutida en lo real, todo al mismo tiempo. ¡Qué confusión!, pero es lo que nos espera. Y conviene que lo sepamos.

El metaverso es un primer indicador, pero no será el último. No habrá real ni virtual; habrá una cosa nueva. Y este nuevo universo abrirá, a su vez, un universo de posibilidades para los *influencers* y las marcas.

Alguno se planteará que quizás sea el fin de los *influencers*. Las RR. SS. perderán fuerza con el formato convencional que conocemos ahora; vivirán una evolución también junto con los nuevos mundos virtuales. Y lo mismo ocurrirá con los *influencers:* morirá su formato actual, pero tendrán la oportunidad de ofrecer experiencias únicas a sus seguidores que vayan mucho más allá de ver un vídeo o una foto, poner un *like* y comentar. Con los diferentes metaversos, los talentos podrán brindar conversaciones, clases y aventuras y monetizarlas con mucha más rentabilidad. Del mismo modo, las marcas podrán inventar experiencias disruptivas con *influencers* que las conviertan en objeto de deseo por las emociones, las sensaciones y los sueños que les hagan sentir. En ello están trabajando ya grandes como Nike o Disney, creando mundos en sus universos y experiencias en esos mundos. Seremos los usuarios quienes decidiremos en qué universo meternos y, dentro de él, con quién vivir una experiencia, e incluso elegiremos el decorado de ese mundo.

El poder de los *influencers* que sepan adaptarse a los metaversos será mucho mayor que el que tienen hoy.

En apenas unos meses Apple lanzará unas gafas que permitirán que superpongamos el mundo virtual que deseemos sobre el real; por su parte, la compañía estadounidense Mojo Vision está trabajando en el nuevo prototipo de sus lentes de contacto inteligentes, que incorporarán funciones de realidad aumentada que las harán capaces de proyectar imágenes artificiales en tu visión. Dispondrán de su propio sistema de alimentación, capacidad de seguimiento ocular, una pantalla para proyectar imágenes de realidad aumentada y una interfaz de usuario que se controlará con la mirada. En cuanto esto esté a nuestro alcance de manera masiva, los usuarios cambiaremos el simple contemplar pasivo por el vivir y sentir.

Se acerca el gran cambio en Internet: pasaremos del Internet de la información al de las experiencias.

VAMOS A PASAR DEL INTERNET DE LA INFORMACIÓN AL INTERNET DE LAS EXPERIENCIAS

Esto lo remarca el español Edgar Martín-Blas, pionero creando mundos virtuales en los que nos zambulliremos. Grandes como Facebook y Vodafone, entre otros, le encargan sus mundos. Él diseña un sinfín de opciones que nos llevarán a vivir experiencias en un entorno que existe en el mundo real o en uno ficticio que nada tendrá que ver con cualquier cosa que hayamos visto. Todo será posible. Todo. Acompañados de nuestro *influencer* favorito, con amigos o solos.

Se abre, pues, un nuevo universo de oportunidades para aquellos talentos que lo sepan aprovechar. Habrá más emoción, más dinero y, necesariamente, se exigirá más entrega de ingenio y tiempo por parte de los *influencers*. Hasta ahora basta con una buena foto o un vídeo simpático, pero con el metaverso habrá que interactuar en tiempo real y ofrecer actividades únicas por las que habrá seguidores y marcas dispuestas a pagar mucho dinero.

8

GLOSARIO DE INDICADORES DE MARKETING DE INFLUENCIA

La idea de este diccionario es aclararte el léxico más destacado del marketing de *influencers,* despejarte cualquier duda, para que domines el vocabulario técnico y las fórmulas principales del sector.

Lo he estructurado por temas para que te resulte más sencillo localizar cada uno de los términos sobre los que tengas dilemas. Y, dentro de cada uno de los temas, he hecho una división entre conceptos para principiantes en el sector (principiante) y conceptos para profesionales con más experiencia (avanzado).

Algunos de estos términos ya están explicados a lo largo del libro, pero quiero que te resulte muy sencillo resolver cualquier duda, de manera que aquí tienes una definición clara y sencilla para que puedas aclararlas sin tener que rebuscar por toda la obra.

1. Indicadores relacionados con los seguidores

- **Seguidor.** Es un usuario que decide ver el contenido de otra cuenta en su *feed.* Ganar seguidores es el objetivo número 1 de cualquier negocio que tenga presencia en las RR. SS.

- **Crecimiento de los seguidores** *(Follower's growth)*. Mide el total de nuevos seguidores que has ganado en tu cuenta en un período de tiempo. Los períodos de tiempo que más se miden son: mes, semestre y año.

$$\text{Crecimiento de los seguidores} = \#\,\text{Seguidores (hoy)} - \#\,\text{Seguidores (hace X tiempo)}$$

Software: Sí
Nivel: Principiante
Importancia: Baja

- **Ratio de crecimiento de los seguidores.** Presentado como un porcentaje de crecimiento, mide la velocidad con la que tu cuenta gana o pierde seguidores en un período de tiempo. Una cuenta que crece un 6 % al mes en un año doblará su número de seguidores.

$$\text{Ratio de crecimiento de los seguidores (\%)} = (\#\,\text{Seguidores (hoy)} / \#\,\text{Seguidores}) \times 100$$

Software: Sí
Nivel: Principiante
Importancia: Baja

- **Tipos de seguidores**
  - Consumidor: persona con menos de 10 000 seguidores en su cuenta cuyo principal objetivo es consumir e interactuar con los contenidos de las cuentas que sigue.
  - Marca o negocio: cuenta de negocio que utiliza su cuenta para comunicarse con sus seguidores.
  - *Influencer:* cuenta con más de 10 000 seguidores y habilidad para influir en su comunidad sobre un determinado tema a través de la creación de contenidos.
  - *Bot:* cuenta falsa o cuenta inactiva: cuenta que no pertenece a una persona o es algo genuino. Puede crearse con fines satíricos, para estafar o para difundir noticias falsas y desinformación. A menudo las cuentas falsas están a cargo de *bots*.

De estos cuatro tipos de cuentas, las únicas realmente relevantes para un *influencer* son las cuentas de consumidores.

Software: Sí
Nivel: Avanzado
Importancia: Alta

- **Credibilidad de los seguidores (%)** *(Followers credibility).* Mide el porcentaje de seguidores que son cuentas de consumidores. Si un *influencer* tiene 100 000 seguidores y un porcentaje de credibilidad del 90 %, significa que 90 000 son consumidores.

Software: Sí
Nivel: Avanzado
Importancia: Alta

- **Duplicación de la audiencia** *(Audience overlap).* Mide cuántos seguidores hay en común entre dos o más *influencers*. Cuando tienes objetivos de alcance o de frecuencia, este indicador es fundamental para garantizar que cumples tu objetivo y que tienes el conjunto perfecto de talentos con el mínimo de duplicación de seguidores (alcance) y el máximo de duplicación de seguidores (frecuencia).

Software: Sí
Nivel: Avanzado
Importancia: Alta

- **Seguidores exclusivos** *(Exclusive followers).* Se refiere a la cantidad de seguidores de un talento que no siguen a otros. Por ejemplo, si tienes una selección de cinco *influencers* y uno tiene un 10 % de seguidores exclusivos, significa que un 10 % de sus seguidores no siguen a ninguno de los otros cuatro talentos de la selección. Este indicador es muy bueno para entender dentro de una selección de *influencers* a cuáles tienes que mantener y a cuáles quitar para optimizar tu selección.

Software: Sí
Nivel: Avanzado
Importancia: Alta

- **Seguidores únicos** *(Unique followers)*. Se refiere a la cantidad de seguidores de una selección de talentos que son únicos. Es decir, si tienes una selección de cinco *influencers* en la que sumando los seguidores de los cinco alcanzas 100 000 seguidores y 20 000 están duplicados, solo tienes 80 000 seguidores únicos. La diferencia entre seguidores únicos y exclusivos es que los únicos se refieren a un cálculo hecho en una selección de talentos y en los exclusivos el cálculo solo se hace a un *influencer* en comparación con una selección de talentos.

Software: Sí
Nivel: Avanzado
Importancia: Alta

- **Ratio de seguidores únicos** *(% Unique followers)*. Mide el porcentaje de «desperdicio» de la selección de *influencers* que has elegido. Volviendo al ejemplo del punto anterior, donde tienes 100 000 seguidores totales, 80 000 seguidores únicos y 20 000 seguidores duplicados, tu ratio de seguidores únicos es del 80 %, lo que significa que un 20 % de tu presupuesto no te ayudará a alcanzar tu objetivo.

$$\text{Ratio de seguidores únicos (\%)} = (\text{\# Seguidores únicos} / \text{\# Seguidores totales}) \times 100$$

Software: Sí
Nivel: Avanzado
Importancia: Alta

2. Indicadores relacionados con la audiencia

- **Audiencia.** Es un conjunto de usuarios, que pueden ser seguidores o no, que ven tu contenido por medio orgánico o pagado. Se diferencia de un seguidor en que este te puede seguir y no ver tu contenido.

Software: No
Nivel: Principiante
Importancia: Alta

- **Demografía de la audiencia**

  - Geografía: porcentaje de audiencia ubicada en una ciudad o un país.
  - Edad: porcentaje de audiencia comprendida entre uno de los siguientes grupos: 13-17 años, 18-24 años, 25-34 años, 35-44 años, 45-54 años, 55-64 años o más de 65 años.
  - Sexo: porcentaje de audiencia masculina y femenina.

Software: No
Nivel: Principiante
Importancia: Alta

- **Demografía de la audiencia que interactúa** *(Likers audience).* Es una segmentación de la audiencia para todos los usuarios que interactúan con el contenido de un *influencer.* La demografía de la audiencia que ve tu contenido puede ser una, pero dentro de esa misma audiencia su demografía puede cambiar muchísimo si analizamos solo la que interactúa con el contenido. Si tu objetivo es generar conversación de marca, es más relevante analizar la demografía *likers audience* que la demografía general.

Software: Sí
Nivel: Avanzado
Importancia: Media

- **Accesibilidad de la audiencia** *(Audience reachability).* Mide la probabilidad de que mucha gente vea el contenido que has pagado al *influencer* para compartir en su canal. Si todos los seguidores de un talento siguen otras 10 000 cuentas, la probabilidad de que tu contenido se vea en el *feed* de esas cuentas es muy muy baja. Y al revés: si los seguidores de un *influencer* siguen solo 10 cuentas, la probabilidad que esas 10 cuentas vean tu contenido es muy muy alta. Este indicador se desglosa en cuatro tipos de seguidores:

1. Seguidores de un *influencer* que siguen menos de 500 cuentas (alta probabilidad de ver tu contenido).
2. Seguidores de un *influencer* que siguen 500-1000 cuentas (probabilidad media de ver tu contenido).

3. Seguidores de un *influencer* que siguen 1000-1500 cuentas (probabilidad baja de ver tu contenido).
4. Seguidores de un *influencer* que siguen más de 1500 cuentas (tu contenido no se verá).

Software: Sí
Nivel: Avanzado
Importancia: Media

* **Reacción de la audiencia *(Audience resonance)*.** Mide la tasa de interacciones (ER) media que un *influencer* tiene cuando habla de un tema específico. No basta con mirar la ER media del talento; hay que observar la ER de los contenidos cuando el *influencer* habla de un tema específico. Un talento puede tener mucho suceso cuando habla de coches y su audiencia interactúa muchísimo con ese contenido (alta reacción con la audiencia), pero cuando habla de *fitness* nadie se interesará ni interactuará (baja reacción).

Software: Sí
Nivel: Avanzado
Importancia: Alta

3. Indicadores relacionados con contenidos e interacciones

* **Contenido orgánico *(Organic content)*.** Se refiere al contenido creado por *influencers* sin referencia comercial y/o publicitaria.

* **Contenido pagado *(Branded post)*.** Se refiere al contenido creado por *influencers* donde hay previamente un acuerdo comercial para que comuniquen sobre un determinado tema, producto o servicio.

* **Alcance *(Reach)*.** Se refiere al número total de usuarios que han visto un contenido.

* **Ratio de alcance *(Reach rate)*.** Se refiere al porcentaje de seguidores que han visto un contenido.

Software: No
Nivel: Avanzado
Importancia: Alta

- **Impresiones** *(Impressions).* Se refiere al número de veces que tu contenido es enseñado a los usuarios.

- **CPM** *(Cost Per mille).* Se refiere al coste de un *influencer* para tener 1000 impresiones.

  CPM = (Inversión × 1000) / Total de impresiones

Software: No
Nivel: Principiante
Importancia: Alta

- **Visualizaciones** *(Views).* Se refiere al número de veces que un vídeo es visualizado más de 3 s.

- **Interacciones** *(Engagements).* Son las interacciones a un contenido cuando una audiencia interactúa con él en las RR. SS. a través de un me gusta, guardar el contenido o comentarlo, compartirlo con amigos, etc.

- **Ratio de interacciones** *(Engagement Rate [ER]).* Es la media de interacciones y mide el porcentaje de seguidores que han interactuado con tu contenido.

  ER = (Total de interacciones) / Total de seguidores

Si estás midiendo la media de interacciones de una campaña y no de un *influencer* al que estás evaluando, deberías cambiar la fórmula para que se base en las impresiones y no en los seguidores.

Software: No
Nivel: Principiante
Importancia: Media

  ER (campaña) = (Total de interacciones) / Total de impresiones

Hay quien calcula basándose en el alcance y no en las impresiones, pero matemáticamente, para poder calcular la ER de la campaña utilizando el alcance por vez de impresiones, se debe tener el número total de interacciones únicas, dato que no proveen las RR. SS. Por tanto, no es correcto calcularlo basándose en el alcance.

Software: No
Nivel: Principiante
Importancia: Media

- **CPE** *(Cost per Engagement).* Se refiere al coste de un *influencer* para tener 1000 *engagements.*

CPE = (Inversión × 1000) / Total de interacciones

- **Relevancia** *(Relevance).* Se representa por un porcentaje en el que se mide la relevancia de un tema específico para un *influencer.* Si un talento tiene cien contenidos y cincuenta son de belleza, su relevancia en belleza es de un 50 % (muy alto).

Relevancia = (# Total contenidos de un tema /
# Total de contenidos)

Software: No
Nivel: Avanzado
Importancia: Media

- **Saturación publicitaria** *(Ad saturation).* Es el porcentaje de contenidos pagados de un *influencer* sobre todos sus contenidos en un período de tiempo.

Saturación publicitaria = (# Contenidos pagados /
Total de contenidos)

Software: Sí
Nivel: Avanzado
Importancia: Alta

NOTAS

Introducción

1. Dato proporcionado por Influencer Marketing Hub en asociación con Refersion en su publicación *The State of Influencer Marketing. 2022*.
2. Estudio realizado por el software de Primetag con la agencia Human to Human (H2H). Primetag es la herramienta número 1 para la evaluación, medición y optimización de campañas de marketing de influencers con datos reales. En España en 2021 monitorizó más de 450 campañas, lo que representó más de 8 millones de euros de influencia media y a 75 000 talentos españoles en Instagram y TikTok apoyando marcas y agencias como IKEA, Grupo Tendam, H2H o grupo Dentsu.

   H2H, fundada en 2017, es la agencia especialista líder en marketing de influencers en España, con una cuota de mercado superior al 21 % y una facturación de 10 millones en 2021 (lo que supuso un crecimiento del 127 % respecto al año anterior). En la actualidad cuenta con una cartera de clientes de más de 60 marcas en los ámbitos nacional e internacional desde sus oficinas de Madrid.
3. De acuerdo con el estudio «Meaningful Brands» elaborado por la consultora Havas Media Group en 2021.

Capítulo 1

1. Análisis realizado por la agencia de consultoría estratégica y gestión integral de medios Neuromedia.
2. Según el Informe Digital 2022 de We Are Social y Hootsuite.

Capítulo 2

1. Publicado por We Are Social y Hootsuite.
2. Estudio publicado en mayo de 2022 por Primetag y Human to Human (H2H).

Capítulo 5

3. Primetag con H2H, mayo de 2022.